Política y gestión informatizada de stock

avanza editorial

Editado por:
EDITORIAL FAE, S.L.
Correo electrónico: editorial@editorialfae.com

Política y gestión informatizada de stock
Borja Gómez Sanz

1ª Edición

Se ha puesto el máximo empeño en ofrecer al lector una información completa y precisa. Sin embargo, Editorial FAE, S.L. no asume ninguna responsabilidad derivada de su uso ni tampoco de cualquier violación de patentes ni otros derechos de terceras partes que pudieran ocurrir. Esta publicación tiene por objeto proporcionar unos conocimientos precisos y acreditados sobre el tema tratado. Su venta no supone para el editor ninguna forma de asistencia legal, administrativa o de ningún otro tipo.

ISBN: 978-84-1135-162-1

Impreso en España

Presentación

Ficha técnica del curso

El presente manual desarrolla el contenido teórico de la acción formativa "Política y gestión informatizada de stock" incluida en FUNDAE con código COML010PO en la familia profesional de Comercio y marketing dentro del Área Profesional de "Logística comercial y gestión del transporte".

La Acción Formativa cuenta con una duración de 40 horas y su contenido está estructurado en ocho unidades de aprendizaje que se distribuyen según lo expuesto en el siguiente índice.

Índice

U. A. 1. Gestión de stocks

U. A. 2. Costes

U. A. 3. Inventarios

U. A. 4. Factores de aprovisionamiento

U. A. 5. Sistemas de gestión de stocks

U. A. 6. Gestión informatizada

U. A. 7. Ficheros maestros

U. A. 8. Previsión y planificación

Introducción

Objetivos

1. Estadísticas de compras, ventas y almacén
2. Presupuestos de planificación
3. Ratios económicos y comerciales
4. Análisis de costes
5. Viabilidad financiera

RESUMEN

GLOSARIO

EJERCICIO DE AUTOEVALUACIÓN

Aplicaciones prácticas

Ejercicio de evaluación final

Solucionario

Bibliografía

Índice

U. A. 1. Gestión de stocks

Introducción

La administración de las existencias engloba todas las tareas destinadas a dirigir la progresión de las mercancías o los artículos en una organización. Es responsable de garantizar que los costes de mantenimiento de las existencias se mantengan en un nivel bajo sin que ello afecte a la atención al cliente.

Los enfoques de la gestión de existencias en el ámbito de la gestión plantean soluciones a preguntas como, por ejemplo, ¿cuál es el mejor nivel de existencias para cada referencia? ¿Cuándo presentar las solicitudes de renovación? ¿Qué cantidad hay que comprar?

La parte insignificante de la gestión de existencias que concierne a la actividad del centro de distribución incluye tareas como la designación de los contenedores, la detectabilidad de las existencias o las técnicas de gestión de existencias (como FIFO, FEFO o LIFO), entre otras. En esta unidad, nos centraremos en este ámbito concreto de la gestión de existencias.

Objetivos

- Identificar los objetivos de la gestión de stocks.
- Conocer cuáles son los tipos de stocks existentes.
- Conocer los tipos de aprovisionamiento de un almacén.
- Calcular los niveles de stock y gestión de pedidos.

1. Objetivos de la gestión de stocks

El objetivo principal de la gestión de existencias es encontrar la armonía entre los elementos que la acompañan.

Los objetivos de la gestión de stocks son los siguientes:

- **Adecuación del nivel de existencias a la demanda.** Las existencias en el centro de distribución se determinan en función de las previsiones de pedidos. Por lo tanto, las existencias no actuarán de forma similar en un entorno con una utilización de artículos más o menos estable que en un entorno más apartado por la irregularidad.

  Dentro de la utilización de gran información aplicada a la red de producción, la disciplina conocida como *DemandForecasting* es responsable de hacer progresar las cifras de pedidos en vista de la información de ofertas, patrones de mercado, concursos y otros indicadores monetarios.

- **Garantizar un buen nivel de gestión.** En lo que respecta a la administración de existencias, el nivel de ayuda sería la capacidad del centro de distribución para encontrar una sección, agruparla, transportarla y entregarla con una exactitud brillante, en unas condiciones magníficas y en un plazo breve. En este sentido, debe alcanzarse constantemente un equilibrio con el objetivo de que el nivel más elevado de administración no aumente excesivamente los costes de almacenamiento.

  El ascenso de las operaciones coordinadas y la hiperdisponibilidad normal de las estrategias 4.0. ha ampliado el grado de interés de los clientes, sobre todo de los que compran artículos en la web. Esto se refleja tanto en el cliente final como en la administración de las tiendas: las roturas de stock son cada vez menos soportadas por los compradores, que no se resisten a acudir a los competidores en caso de no encontrar el artículo que necesitan en las condiciones ideales.

- **Contener los costes de almacenamiento de stock.** El camino hacia la innegable utilización de procedimientos de gran alcance, por ejemplo, el cross-docking o los marcos in the Nick of time radica en la disminución de las existencias restringidas en los centros de distribución. El objetivo principal de las operaciones coordinadas de almacenaje es intentar restringir las existencias sin influir en el grado de administración.

Para lograrlo, la mayoría de las veces se deciden disposiciones para desarrollar aún más la eficacia general del centro de distribución, por ejemplo, la robotización de los ciclos estacionarios, la asociación de productos según el nivel de existencias o la mejora de las tareas de picking gracias al SGA.

Fig. 1. La administración de existencias y el nivel de ayuda sería la capacidad del centro de distribución para encontrar un determinado material

Los retos que influyen en la gestión de las existencias en el centro de distribución son:

- **Demasiadas existencias:** supone una pérdida de recursos financieros que puede limitar la inversión futura.
- **Espacio desperdiciado**: tener los productos en varios almacenes afecta tanto a las finanzas como al espacio de almacenamiento.
- **Sobreventa:** cuando una empresa vende en varios canales, a menudo se da cuenta de que corre el riesgo de aceptar pagos por productos que no están

disponibles de inmediato.

- **Visibilidad del inventario:** expandir los canales de ventas también puede llevar a almacenar inventario en varios almacenes, dividiendo sus existencias en diferentes ubicaciones.

El desarrollo de la red de tiendas plantea al centro de distribución circunstancias que influyen en la gestión de las existencias:

A. Desarrollo de la cantidad de referencias suministradas o multiplicación de SKU

La cantidad de referencias confunde la mejora del stock, ya que obliga a mantener en el centro de distribución un stock mínimo fluctuante que, en términos totales, se duplica en cantidad. Esta peculiaridad se conoce como "código de referencia" (SKU).

Ejemplo

Por ejemplo, una organización de productos de belleza dispone de cinco referencias diferentes de limpiadores ajustadas al tipo de cabello y a la fragancia.

En la actualidad, opta por lanzar otras cinco referencias centradas en el mercado masculino, con lo que el número total de SKU asciende a 10. Además, evaluando las necesidades de los compradores, hace accesible la forma de tamaño de movimiento de estos artículos, haciendo una suma de 20 SKUs a tratar.

Las SKU comienzan a desarrollarse a medida que se añaden artículos al alcance de la organización y es importante mantener al menos cada SKU para satisfacer las necesidades.

B. Detectabilidad de las existencias

Relacionado a medias con el punto anterior, la detectabilidad de los flujos de materiales en el centro de distribución es fundamental para tener un control sólido de las existencias y, por tanto, evitar errores en la planificación del picking o de los pedidos y en la zona de la mercancía.

Esto puede suponer una auténtica complejidad para las tareas de almacén. En consecuencia, con inventarios profundamente complejos, es importante utilizar marcos de codificación que los agrupen y registren de forma natural y precisa. La utilización de respuestas de recurrencia por radio para sustituir el papel es un patrón que se ha impuesto en la mayoría de los almacenes medianos y grandes de hoy en día.

En el momento en que se producen los cambios buscados, esto pone expectativas cada vez mayores en la adaptabilidad funcional y la velocidad de respuesta de la parada. Concretamente, esto se encuentra en la forma en que funcionan los negocios en línea: el cliente final se ve dirigido por estilos y patrones difíciles de prever. Un área que se enfrenta persistentemente a este reto son los focos de transporte, que deben ajustarse a los resultados de sus propios clientes.

2. Tipos de stocks

A continuación, vamos a explicar los diferentes tipos de stock que nos podemos encontrar en la gestión de un almacén. Existen diferentes tipos de stock en función de su capacidad, como por ejemplo el stock estacional, el stock en camino...

También hay tipos de stock en función de su fecha de caducidad, nos podemos encontrar con el stock duradero o el stock no perecedero, y para finalizar, los tipos de stock por asociación de funciones como puede ser stock neto o el stock óptimo.

Fig. 2. El stock se define como la mercancía que se almacena en un almacén u otro tipo de local para ser vendida o comercializada

Los tipos de stocks se pueden agrupar de la siguiente manera:

- Tipos de existencias según su capacidad.
- Tipos de existencias según la fecha de caducidad.
- Tipos de existencias por asociación funcional.

Los tipos de existencias según su capacidad son los siguientes:

Tipos de existencias según su capacidad	
Stock de seguridad	Para compensar condiciones fenomenales, por ejemplo, un tope en los pedidos o un aplazamiento con respecto a uno de sus proveedores debe disponer de un stock de bienestar.
Stock de alerta	Como su nombre indica, este stock es realmente un marcador que le avisa cuando ha llegado el momento de recargar. Debe decidir el límite de esta reserva, que debe ser muy superior a la reserva de bienestar, ya que su motivación es única.
Stock estacional	Este stock permite prever los momentos del año en los que aumenta el movimiento, durante los cuales se gestionan más pedidos de los previstos.
Stock inactivo	Esta clase incorpora todas las referencias caducadas, inmovilizadas, por ejemplo, las que en este momento no pueden venderse ni coordinarse en pedidos de clientes (cambio de paquetes, nuevos principios, etc.).
Stock en camino	Se trata de mercancías que todavía están presentes en el proceso de creación o exposición: durante el tiempo de transporte, durante el tiempo de agrupación, durante el tiempo de creación, etc.
Stock especulativo	Estas existencias se realizan cuando se compran artículos en cantidades mayores de las que realmente se necesitan para explotar límites o costes inferiores a los utilizados habitualmente. También es posible que tenga que crear este tipo de existencias en el supuesto de que sus proveedores tengan la intención de aumentar los costes de determinados artículos.

Los tipos de existencias según la fecha de caducidad son los siguientes:

Tipos de existencias según la fecha de caducidad	
Stock no perecedero	En esta clase de existencias encontramos todos los artículos y mercancías que decaen al cabo de un tiempo.
Stock duradero	A diferencia de las existencias transitorias, el tiempo afecta poco a los artículos de esta clase de existencias.
Stock con fecha de caducidad	Estos artículos no están actualmente listos para circular después de la fecha predeterminada.

Para ordenar las existencias según la asociación funcional, las estrategias de las organizaciones intentan avanzar hacia sus existencias de forma inesperada, teniendo en cuenta sus tareas diarias.

Clasificación de las existencias por asociación funcional	
Stock óptimo	Es el equilibrio correcto que cada organización intenta alcanzar. Permite obtener el mayor beneficio limitando todos los costes de mantenimiento. Debido a este tipo de existencias, en realidad querrá responder bien al interés y la utilización de materiales por parte de su organización y sus clientes en la época lenta del año. El stock ideal le permite mantenerse alejado de circunstancias como la falta de existencias o la sobrecarga. Todo está determinado para que pueda disponer de la cantidad específica de artículos que realmente desea.
Stock físico	Como su nombre indica, incluye todas y cada una de las referencias accesibles en el almacén.
Stock neto	Es el stock real excluyendo los pedidos de clientes que aún no han sido gestionados.
Stock disponible	Este stock es la suma del stock neto y de los pedidos enviados por sus proveedores que aún no ha recibido.
Stock mínimo	Es la medida base de stock que debe tener continuamente en su centro de distribución. Suponiendo que llegue al stock base, deberá reordenar los productos para recargarlo.
Stock máximo	Este tipo de stock se refiere a la medida más extrema de stock que no debe sobrepasarse. El límite no se fija en piedra según las necesidades de su organización y para cada uno de los artículos almacenados.

3. Tipos de aprovisionamientos de un almacén

Vocabulario

El **aprovisionamiento** es la interacción por la que se obtienen la mercancía y los servicios que necesita una organización. Existen dos tipos fundamentales: directa y e indirecta.

Con la **adquisición directa**, las organizaciones obtienen piezas o materiales que son importantes para los últimos artículos. En las empresas organizadas la obtención y adquisición de los productos suele ser obligación de los grupos de ensamblaje.

La **adquisición indirecta** es más normal en las organizaciones que necesitan de intermediarios, que suelen supervisar la obtención de los productos, por ejemplo, asesorías, tiendas de suministros de oficina o diferentes clases relacionadas con la actividad de la organización. Este coste "indirecto" generalmente aborda un nivel significativo de los costes de una organización. En las organizaciones de asistencia, el grupo que se ocupa del ciclo de adquisición es muchas veces responsable de responder ante la división de dinero.

Otra parte clave de la adquisición es la obtención: la forma más habitual de transmitir las peticiones de oferta es mediante el requestforproposal (RFP), significa una invitación para enviar propuestas de proyectos, comprobar las ofertas, regatear con los proveedores y supervisar los contratos de mano de obra y productos. La obtención de esta invitación ayuda a las organizaciones a llegar a conclusiones esenciales sobre proveedores y gastos.

El **peer to peer** (P2P) es la interacción mediante la cual las organizaciones adquieren y pagan mano de obra y productos a través de sus proveedores, sin necesidad de intermediarios. Normalmente, comienza en la división de obtención, que caracteriza a los proveedores que una organización va a contratar y qué servicios van a prestar. En ese momento, los trabajadores realizan las demandas y seleccionan la mano de obra y los productos necesarios.

Fig. 3. Una de las ventajas de P2P es que un comprador puede adquirir productos y servicios mucho más baratos

Una vez tramitadas las demandas, la oficina de adquisiciones realiza las solicitudes de compra y paga las peticiones de mano de obra y productos elegidos. El P2P también incluye la gestión de existencias e índices, la compra, la obtención y el control de existencias, la gestión de recibos y los pagos a plazos.

El **sourcetopay** (S2P) engloba todos los trabajos de adquisición previos al ciclo P2P. Incorporan el abastecimiento, la negociación, la contratación y el pago a los proveedores, con la obtención interna, proyectando el tablero y la colaboración externa en la fase de RFP.

Se suele utilizar programas como SAP, Ariba o Coupa Con estos dispositivos, por ejemplo, es factible mejorar:

- La formación de tareas.
- Acuerdos y proveedores.
- La oferta (demandas de datos, proposición o citas).
- Invertir posibles ventas.

La **programación de la obtención** mecaniza la forma más común de obtener mano de obra y productos. Además, facilita la toma de decisiones relacionadas con el examen de gastos, la obtención de bienes vitales, la adquisición y la instalación.

Los primeros aparatos de adquisición fueron el bolígrafo, el papel y los miniordenadores. Luego llegaron las hojas de contabilidad, que siguen siendo un dispositivo fundamental en numerosas empresas privadas. Sin embargo, en la actualidad, la innovación en la adquisición se ha convertido en una parte básica de numerosos marcos de organización de activos empresariales (ERP).

4. Cálculo de niveles de stock

Es fundamental calcular las existencias de stock, ya que, si no las determinamos, no podremos saber si tenemos un número excesivo o demasiado escaso de productos. La cantidad de existencias también puede influir en la mejora de una organización. Cuando la cifra es alta, puede provocar costes de mantenimiento de existencias elevados. Además, las cosas que se guardan durante bastante tiempo pueden debilitarse, romperse o desaparecer. Por tanto, unas existencias demasiado escasas pueden provocar una falta de acuerdos y, por tanto, un mayor nivel de pérdidas. La idea principal de las reservas de stock, y a través de las cuales se logrará el éxito, reside en la búsqueda de un equilibrio.

Fig. 4. Es fundamental calcular las existencias de stock, porque si no, no podremos saber si tenemos un número excesivo o demasiado escaso de productos

Para calcular el stock, hay que tener en cuenta los siguientes puntos de vista:

- Tiempo de transporte.
- Interés del stock.
- Desviación típica de la temporada de transporte de los pedidos.
- Desviación típica del interés.
- Tasa de ayuda solicitada.

Conocer las existencias da la posibilidad de satisfacer los intereses de los clientes en cualquier circunstancia, independientemente de que se produzca:

- Aplazamiento u ocurrencias con un proveedor.
- Huelga del centro de distribución.
- Desarrollo imprevisto.
- Avería o avería de las máquinas.

Cuando tenemos la estimación del stock de seguridad podemos ver unos beneficios:

- Realmente querrás ofrecer un soporte superior de los clientes ya que no caerás en rotura de stock.
- En realidad, querrá ampliar la compra de artículos y accesibilidad lo que le separará de sus rivales.
- En el caso de que no lo resuelvas, puedes perder clientes.
- Intentará que no le afecten problemas como, por ejemplo, huelgas, retrasos de proveedores o averías.

Fig. 5. Conocer las existencias del almacén da la posibilidad de satisfacer los intereses de los clientes

5. Parámetros básicos

Los parámetros básicos para la gestión de stocks son los siguientes:

A. Administración de existencias en el punto de solicitud

Esta estrategia consiste en controlar el tiempo específico en el que debe establecerse otro pedido. Para saber cuándo organizar otro envío, debemos guiarnos por la cantidad de artículos que estarán disponibles.

Cálculo

Es posible calcular el punto de pedido siguiendo una ecuación numérica. En ella se tienen en cuenta el interés diario típico del artículo (d), el tiempo de transporte/la holgura del proveedor (SP) y las existencias de seguridad (SS).

La fórmula numérica sería:

$$PP= (d * PE) + SS.$$

B. Mejorar la gestión de las existencias con existencias de seguridad

A pesar de que se trata de una elección del responsable de operaciones planificadas, disponer de un stock de seguridad puede prevenir cualquier problema de satisfacción de las necesidades.

Sin embargo, la fórmula para calcular la cantidad de artículos que hay que tener en stock es complicada. Incluye la consideración de la variabilidad del interés, los tiempos de transporte y el factor asistencia.

C. Administración ideal de las existencias

Este método de administración de existencias muestra la cantidad de artículos que hay que disponer en cada traslado para limitar los costes.

Cálculo

También existe una ecuación numérica para calcularlo. Incorpora el coste de salida por pedido (e), el interés anual (D), el coste de almacén (a), el coste por unidad de cada artículo guardado (P), la tasa de préstamo (I) y el coste de puerta abierta (P*i).

Para saber cuál será la parcela ideal, hay que determinar la base cuadrada de $((2*e*D)/(a+P*i))$.

Esta última idea alude a la gama de cosas del mismo tipo que una organización ofrece a sus clientes y que se encuentran en la planta de ofertas. Por ejemplo, varios modelos, tallas y tonos de una prenda de vestir. En cuanto a la gestión del stock, la empresa debe decidir si quiere tener una gran agrupación, pero con un stock mínimo, o una pequeña colección, pero con un gran stock de cada cosa.

6. Demanda prevista

La estimación de la demanda consiste en calcular, con la mayor precisión posible, el volumen de negocio de cada artículo en un plazo futuro determinado, con lo que también podemos calcular las compras que debemos hacer del artículo para tener existencias constantes.

Dentro de la administración de existencias de una organización, la conjetura de interés es una idea vital sobre la que se debe trabajar y que puede depender de algunos factores que pueden hacer que este indicador difiera:

- **Temporalidad**: podemos trabajar con artículos ocasionales y en función de la época del año en la que nos encontremos nos daremos cuenta de que este artículo será bastante popular.
- **Desarrollo de ofertas del artículo**: visualice las ofertas del artículo para tener la opción de observar su patrón de ofertas.
- **Técnica de la organización**: este es un componente más a considerar, suponiendo que alteremos nuestro sistema de negocio y necesitemos abrir líneas de comercio con nuevos artículos.
- **Diferentes factores**: como el desarrollo del mercado, el avance financiero, los cambios en las directrices, etc.

7. Gestión de pedidos

Vocabulario

Es el ciclo creado en una organización a través del cual se coordinan, organizan, realiza seguimiento y se solicitan las compras de artículos o de servicios.

Se compone de hacer un desarrollo de las solicitudes y de su información para que el personal de oficina gestione los pedidos. También, a la vista de este cliente, desglosar variables, por ejemplo, morosidad o capacidad de pago, historial de peticiones del cliente, volumen de pedidos, etc. También es importante hacer un seguimiento de los inventarios y desglosar si pueden satisfacer los pedidos, y en caso de que no, tratar además con los proveedores que ayudan a mantener el stock.

Importante

Una de las claves es que las organizaciones consideren la petición al comité de empresa como un componente esencial e incorporador dentro de la red de tiendas, y no como una interacción diferente. Tener una visión mundial del giro de la organización, determinar el interés consistente, preparar y racionalizar el stock, organizar la creación y así sucesivamente, estos son una parte de los componentes fundamentales que deben ser considerados y creados para completar una solicitud decente, la gestión de pedidos ayuda a ser competente y que las especulaciones hechas sean esencialmente tan productivas como realmente se podría esperar.

Merece la pena destacar que una parte de los componentes de la gestión de pedidos debería ser una administración limpia y ordenada:

- **La informatización del consejo de administración**: permite gestionar mejor las solicitudes y agilizar su tramitación. Combinación de información más competente que permite mejorar el stock de proveedores.
- **Contar con un proceso de administración es fundamental para avanzar en el marco y ayudará a que las solicitudes de los ejecutivos funcionen con mayor facilidad**: valorar y contratar a los ejecutivos, supervisar las operaciones coordinadas, comprobar de forma coherente la sección de solicitudes y relacionar la satisfacción de las autoridades, etc.
- **Examen de la solicitud de los ejecutivos y evaluación del marco de almacenamiento**: planificar un modelo que considere los elementos y factores que podrían influir en la interacción de la solicitud, por ejemplo, el riesgo del cliente, la complejidad del proceso, los encuentros con el cliente, las medidas de moderación del riesgo, la guía, etc., por ejemplo, fomentar un sistema para la solicitud de la junta y seguirlo.

Este gran número de componentes debe reunirse y trabajar conectados a la cadena de proceso para lograr el objetivo final, que es una mejora de la productividad, tan perseguida por cualquier organización, y la administración de centros de distribución no es un caso especial. La eficiencia permite aumentar la eficacia, reducir los gastos e incluso aumentar el bienestar. Trabajar para mejorar constantemente y evaluar el efecto de los progresos realizados son los adagios que hay que seguir.

Fig. 6. La informatización del consejo de administración nos permite gestionar mejor las solicitudes y agilizar su tramitación

8. Valoración de stocks

En el momento en que se compra un artículo, ya sea para venderlo en un espacio de tiempo o para consumirlo en su ciclo de creación, pueden ocurrir dos cosas:

- El artículo se vende o se consume.
- El artículo permanece en stock listo para ser vendido o consumido.

Existen distintas técnicas para valorar el stock:

A. Técnica de valoración del stock en el almacén: PPM

Es una metodología de valoración que forma parte de la contabilidad. Se usa para obtener el valor medio de los stocks que había en un inicio dentro del almacén, y ver qué cantidad ha entrado y salido según el movimiento de la empresa.

Es la estrategia sugerida por el Plan General de Contabilidad, aunque no es la única reconocida.

B. La estrategia FIFO (First In, First Out)

Entre las distintas técnicas de valoración de existencias, la segunda generalmente conocida, y además muy instintiva, es la FIFO. Implica que el primer lote de mercancía que entra en el almacén debe ser el primero en salir.

Hay que subrayar aquí que, en un stock homogéneo, no se sabe cuándo se compró tal o cual cosa. Concluir que las cosas más establecidas se venden primero es una elección contable, no tiene por qué relacionarse con la verdad de los acontecimientos reales.

En nuestro modelo anterior, como antes compré artículos a 50 euros, aplicando la estrategia FIFO, las 100 primeras cosas que venda se estimarán costando esa cantidad.

El Plan General de Contabilidad permite igualmente la utilización del FIFO. Como puede resultar obvio, en contabilidad siempre hay cierto margen de maniobra para utilizar alguna norma. Es esencial para lo que se llama contabilidad imaginativa.

C. La estrategia LIFO (Last In, First Out)

Es la técnica contraria. El ultimo lote que entra en el almacén debe ser el primero en salir. Es una técnica un tanto extraña, y su ventaja hipotética vital es tener la opción de disminuir los resultados en caso de incremento de los costes.

Imagínese que ha comprado sus artículos a un precio decente y que, posteriormente, un aumento de los precios encarece considerablemente su compra. Suponiendo que valore sus existencias con la estrategia LIFO, esta le permitirá registrar resultados inferiores (ya que los gastos son mayores que con otras técnicas).

D. Otras técnicas aprobadas para valorar las estrategias

Hay dos enfoques alternativos para estimar las existencias que merecen atención.

El **gasto estándar** es un enfoque para evaluar los costes sobre una premisa verificable, especialmente en condiciones modernas en las que calcular el propio valor de las existencias sería excepcionalmente confuso. Intervienen muchas variables (suministros, trabajo, eficacia, etc.). No obstante, se espera que las organizaciones modifiquen los indicadores en caso de que las condiciones cambien radicalmente. También es útil en la contabilidad lógica.

La **estrategia de los minoristas** consiste en calibrar el valor de las existencias en función de un margen bruto típico. Esto se debe a que, en el entorno minorista, puede haber un gran número de referencias de artículos totalmente diferentes que, además, pivotan con rapidez. Seguir los inventarios de cada uno de ellos con su valoración contable precisa sería extremadamente confuso.

Fig. 7. La estrategia de los minoristas consiste en calibrar el valor de las existencias en función de un margen bruto

9. Estados de almacén

La administración del almacén se caracteriza por recibir y trasladar mercancías, además de planeación del almacenamiento, abastecimiento y el control del inventario. Es el control y aseguramiento real de las cosas.

Incorpora las siguientes ideas esenciales:

- **El marco de la capacidad del almacén.** Dependerá del tamaño y las características de las cosas, pero, la decisión de algún marco puede impulsar la competencia más prominente. A pesar de que hay factores, por ejemplo, la cantidad de cosas y espacio extra accesible, que son igualmente importantes al elegir un marco de capacidad.

  Elegir la situación de almacenamiento adecuada para su negocio afecta directamente a sus beneficios. Al reducir los gastos relacionados con el espacio, ahorrará dinero en tiempo y recursos humanos y limitará las gestiones reglamentarias, con lo que disminuirá considerablemente la responsabilidad que conllevan los inventarios de almacén.

  Por ejemplo, las cajas son un marco decente para materiales pequeños, como tornillos. Mientras que las estanterías son estupendas para cosas de distintos tamaños y pueden complementarse con cajas normalizadas.

  Las estanterías pueden ser de madera o de perfiles metálicos, de diferentes tamaños y aspectos, los materiales que se guardan en ellas deben distinguirse y notarse, las estanterías son el método más fácil y conservador para la capacidad. Es el método adoptado para aspectos pequeños y ligeros cuando el stock no es extremadamente grande.

- **Recepción.** La recepción es el ciclo mediante el cual los artículos comprados al proveedor llegan al almacén para ser organizados, almacenados en el método correcto, para ser entregados a su cliente.

La recepción es una idea clave, ya que está estrechamente relacionada con la compra. Por este motivo, en la recogida hay que asegurarse de que somos el destinatario, comprobar que los productos recibidos se ajustan a lo solicitado y, sobre todo, confirmar que se encuentran en buen estado: buen embalaje y ausencia de indicios de alteración.

Una interacción de recogida eficaz acelerará la planificación de pedidos y garantizará la dedicación de sus existencias.

- **El gasto en utilizar la capacidad del almacén.** Cada cosa produce un gasto en función de su tiempo de utilización.

El gasto de capacidad dependerá de los costes fijos, por ejemplo, las compensaciones de la administración del centro de distribución, la protección, los suministros, el transporte y el cuidado de los equipos, por ejemplo, carretillas elevadoras, alquiler de almacenes, etcétera.

Suponiendo que los artículos estén distribuidos con precisión y esté acondicionado el espacio, no solo evitará que se produzcan accidentes y que se debilite el artículo, sino que el gasto relacionado con su protección será menor, quizás en lugar de dos estructuras de almacén solo necesite una.

- **Organización y codificación**. En la administración de centros de distribución, esto implica reunir una cosa según su tamaño, forma, peso o tipo.

El motivo de la caracterización es asignar una zona de almacenamiento concreta y un código con los datos que realmente queremos.

Un marco de codificación de artículos decente afecta directamente a dos partes vitales de su negocio:

- **Desarrolla aún más la atención al cliente.** Un centro de distribución en funcionamiento transporta sus pedidos de forma rápida y productiva, lo que repercute directamente en su grado de intensidad y volumen de negocios.

- **Desarrolla aún más sus ingresos**. Si consigue equilibrar las operaciones y los costes, dispondrá de una liquidez más notable.

No todos los artículos de su centro de distribución tienen el mismo valor ni la misma frecuencia de transacciones. Debe tener en cuenta estos aspectos a la hora de gestionar sus existencias.

La técnica ABC es extremadamente útil para centrarse en sus artículos, consiste en aplicar el código adjunto:

- **A**: Resultados de alto valor y menor recurrencia de operaciones.
- **B**: Resultados de valor moderado y recurrencia de operaciones.
- **C**: Resultados de bajo valor y alta recurrencia de tratos.

Los artículos de clase C, al estar en revolución constante, deben observarse con firmeza para evitar que se agoten las existencias.

Suponiendo que trabaje con artículos de vida corta, la estrategia de codificación más adecuada sería FIFO (primero en entrar, primero en salir), los artículos más establecidos en su centro de distribución son los que deben salir primero, de esta manera la fecha de producción o utilización debe ser el eje sobre el que gire el marco de codificación para no arriesgarse a encontrar sus estanterías rebosantes de existencias terminadas.

Un marco de codificación de artículos decente afecta directamente a dos partes vitales de su negocio:

- **Desarrolle aún más su asistencia al cliente**. Un almacén en funcionamiento transporta sus pedidos con rapidez y eficacia, lo que repercute directamente en su grado de seriedad y volumen de operaciones.
- **Aumente sus ingresos**. Si equilibra las operaciones y los costes, dispondrá de una liquidez más notable.
- **Inventario de materiales**. Como decíamos al principio, es la pieza más conocida de la administración del almacén. Se trata de un recuento real de los

materiales actuales para contrastarlo con los registros.

10. Contabilidad de almacén

La contabilidad de almacén es un registro documentado que contiene de forma detallada la cantidad, ubicación y valor de cada uno de los elementos, bienes o productos que forman parte de las mercancías comercializadas por la empresa o de los insumos para sus procesos de producción.

No obstante, el stock contable es complejo de obtener y, por lo tanto, diferentes características que vale la pena enfocar y explicar para que el responsable de una organización pueda aplicarlo y hacer los registros más competentes.

Fig. 8. El stock contable es complejo de obtener y, por lo tanto, diferentes características que debemos tener en cuenta

Anotación

¿Qué es una acción contable o de contabilidad? Se trata de una acción relacionada con los ciclos de recogida, solicitud y registro de cada uno de los recursos de una organización, incluida, en su caso, la devaluación que permite conocer de forma sucinta y exacta la hora de adquisición de dichos recursos y, obviamente, el valor contable de cada uno de ellos.

Las existencias en la contabilidad monetaria pueden estimarse de diversas maneras, ya que se ven afectadas básicamente por la forma en que se realizan, que tiene efectos inesperados en comparación con el pago de los cargos, la oferta de artículos y administraciones, el límite de obligación de la asociación y los ingresos.

Por otra parte, las existencias en contabilidad diseccionan igualmente las variables inherentes a su movimiento, es decir, incorporan los gastos de las existencias, los gastos de aumentar habitualmente las solicitudes y los gastos de no tener existencias suficientemente efectivas.

Aunque las existencias en contabilidad se utilizan para controlar los recursos y pasivos de la organización o, al fin y al cabo, para hacer frente a la carga de las unidades de recursos para supervisar el capital de forma ideal, existen dos métodos para llevarlas a cabo:

A. Stock ocasional

Se trata de un tipo de stock que se realiza de vez en cuando para decidir el estado de inventario de una organización con respecto a sus materiales accesibles, sustancias naturales, recursos y producto. Su motivación depende del control total de las existencias en periodos que pueden ser mensuales, trimestrales, semestrales o una vez al año, elemento que está relacionado con las necesidades y la naturaleza de una empresa.

B. Stock ininterrumpido

En el caso de que su empresa fabrique, distribuya o venda mercancías en grandes cantidades, es decir, que los productos entren y salgan constantemente, el stock permanente es responsable de representar las entradas y salidas de recursos de forma continua y constante. Su utilidad radica en la comprobación continua o actualizada del suministro de recursos y artículos para ofrecer un informe más detallado de la situación monetaria de una asociación.

Tras comprobar las dos estructuras, es evidente que las existencias son una estrategia adaptable que difiere en función de los intereses de los propietarios o directores de la organización, una variable que favorece la labor de los contables y presidentes y aporta beneficios a la empresa. No obstante, en realidad tenemos que hablar de su importancia a nivel normativo, monetario y de cargos.

Sin lugar a dudas, las existencias contables son uno de los mejores activos de una empresa. A decir verdad, las existencias, como acción de gestión, aparecen en la hoja por determinar y en la explicación de la remuneración al final del ejercicio:

En el informe contable, las existencias contables son el mayor recurso registrado.
En la cuenta de resultados, las existencias finales se deducen del gasto de las mercancías listas para la venta, lo que determina el gasto de los productos vendidos durante un periodo.

Esta técnica es fundamental para la mejora de las pymes y de las enormes sociedades, ya que, suponiendo que no se haga con precisión, acabará siendo un obstáculo para el interés de la oferta, ampliará el gasto de las tareas y será una realidad culpable a nivel financiero y de cargos.

Algunas de las ventajas de las existencias en la contabilidad son las siguientes:

- **Mejor reglamentación**. Al echar un vistazo a la cantidad de mercancías, materiales y recursos que la organización tiene de forma continua o de una manera pausada, debemos tener en cuenta el uso de una reglamentación idónea, por ejemplo, las existencias internas, los canales de dispersión, los gastos del centro de distribución y artículos, entre otros.
- **Cambios en el mercado**. Contar con un control de existencias en la contabilidad ayuda a anticiparse a la demanda de mercado, lo que crea la posibilidad potencial de anunciar artículos con más popularidad según la temporada o el mes del año.
- **Solidez del suministro**. Debido a las existencias en la contabilidad, un contable experto puede llegar a tener control sobre el suministro real de las existencias que se dan en un almacén.

11. Informes, impresos

Este documento evaluará la precisión de la metodología de seguimiento de las acciones, así como la productividad de las técnicas de renovación.

Cuando se elaboran con precisión, pueden revelar datos importantes sobre las pautas de compra de los compradores y descubrir puertas abiertas para el desarrollo.

Anotación

¿Qué es un informe de existencias? Estos informes resumen las características del suministro continuo de productos de una organización e incorporan datos significativos sobre las existencias, por ejemplo:

- Qué artículos se venden más rápido y más despacio.
- Qué clasificaciones de artículos se están vendiendo mejor.
- Infortunios de stock por mermas, robos y alteraciones.

Los informes de existencias también desempeñan un papel fundamental en la gestión de las existencias.

- **Informe de existencias disponibles.** Conocer la cantidad de productos que una empresa tiene en stock y la cantidad que se destina a los pedidos salientes contribuye en gran medida a mantener la eficiencia de la red de tiendas.

  Un informe de control de existencias permite a los contables cuantificar la diferencia entre las existencias disponibles y las asignadas, evitando así las roturas de stock y reduciendo los costes de transporte.

- **Informe de valoración de existencias.** Los informes de valoración de existencias muestran las ventajas agregadas e individuales de los recursos del producto cercano. Estos informes también separan los gastos de adquisición, traslado y transporte de las existencias, así como los beneficios esperados de la transacción.

12. Facturas determinantes en la gestión de stocks

Lo más importante es caracterizar las existencias. Las existencias se caracterizan por ser los productos que se guardan cuando es esencial cubrir los intereses en un plazo corto.

Al establecer los acuerdos de administración de existencias, es importante establecer una solicitud en las necesidades de corte, siendo estos:

- Coste.
- Calidad.
- Plazo.
- Adaptabilidad.

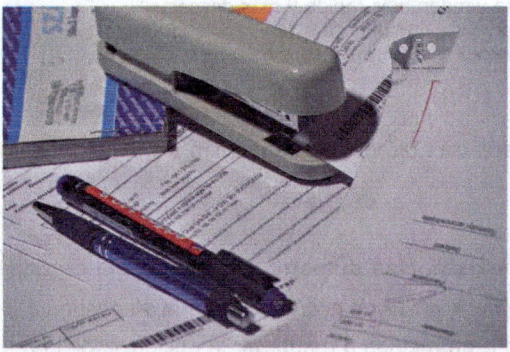

Fig. 9. Las existencias se caracterizan por ser los productos que se guardan cuando es esencial cubrir los intereses por eso debemos llevar un registro detallado

Los costes son uno de los componentes más importantes de la gestión de existencias. De hecho, todas las investigaciones sobre administración de existencias están relacionadas con la reducción de costes y la administración de las mismas. Además, existen conexiones entre las distintas necesidades serias. Por ejemplo, existe una relación evidente entre el plazo de entrega y el nivel de existencias.

Resumen

Esta unidad se centra en el funcionamiento de la gestión de stocks y sus objetivos. Se han explicado qué objetivos son necesarios para alcanzar los máximos beneficios posibles en la gestión de un almacén, qué tipos de stocks existen y, en función de cada tipo de stock, se ha explicado las características que posee cada uno en función de lo que regula. Además, se identifican los tipos de aprovisionamiento de un almacén y lo que regula cada tipo de aprovisionamiento y cuál es importante dependiendo lo que queramos controlar.

Por otra parte, se explica cómo se calculan los niveles de stock, viendo cuales son los niveles óptimos que podemos llegar a conseguir para obtener unos beneficios altos en la gestión de nuestro almacén, también veremos cuales son los parámetros básicos que regulan estos niveles de stock y cuál es la demanda prevista en función de este stock.

Además, se ha explicado cómo se lleva la contabilidad del almacén, cómo se realizan los informes, cómo se gestionan los pedidos y cuáles son las facturas determinantes en la gestión de stocks.

Glosario

Almacén

El almacén es una oficina que, junto con la capacidad, la atención, los recursos humanos y el engranaje de los ejecutivos, nos permite dirigir las distinciones entre las progresiones de mercancías que se aproximan (productos obtenidos de proveedores, centros de fabricación, etc.) y los flujos activos (productos enviados fuera de la creación, ofertas, etc.). Con frecuencia, estos flujos no están compuestos, y esta es una de las razones por las que es importante caracterizar la logística de capacidad ideal.

Aprovisionamiento

La obtención es la demostración y la consecuencia de proporcionar activos específicos. Esto, para que un ciclo pueda funcionar, por ejemplo, en una organización, o empresa que pueda servir para alguna situación específica como una crisis. En definitiva, la adquisición es el ciclo por el cual se adquieren las mercancías vitales para hacer un movimiento, independientemente de que sea negocio con beneficio.

Demanda

La petición es la solicitud de comprar algo. En cuestiones financieras, la demanda es la cantidad total de un bien o administración que los particulares desean comprar. La importancia del interés abarca muchos trabajos y productos que pueden comprarse a precios de mercado, ya sea por un cliente concreto o por el conjunto de compradores de una zona determinada, para satisfacer sus necesidades.

Gestión

Los ejecutivos son un conjunto de métodos y actividades que se realizan para lograr un objetivo específico. En otras palabras, en términos generales, los ejecutivos son una progresión de diligencias que se hacen para cumplir un objetivo fijado de antemano.

Stock

El stock es el conjunto de productos almacenados por una organización. Este producto alude a sustancias sin refinar y artículos terminados aptos para ser transportados a los clientes. En definitiva, se trata de un producto relacionado con el ciclo de creación de la asociación.

Ejercicios de autoevaluación

1. ¿Cómo se determinan las existencias?

    a. Contando el stock que se tiene.

    b. En función de las previsiones.

    c. No existe ningún método específico.

2. ¿Cuál es uno de los objetivos de la gestión de stocks?

    a. Generar el mayor número de beneficios.

    b. Adecuación del nivel de existencias.

    c. Generar los menores beneficios posibles.

3. ¿Qué se pretende con la gestión de stocks?

    a. Garantizar buen nivel de gestión.

    b. Obtener el mayor número de productos.

    c. Ganar el máximo dinero posible.

4. ¿Cuál es un tipo de existencias?

    a. Stock temporal.

    b. Stock duradero.

    c. Stock preventivo.

5. ¿Cuál es un tipo de aprovisionamiento?

    a. Adquisición total.

    b. Adquisición perfecta.

    c. Adquisición directa.

6. ¿Para qué puede servir el aprovisionamiento en una organización?

    a. Para una situación específica como una crisis.

    b. Para hacer un movimiento en un negocio con beneficio.

    c. Para obtener mercancías vitales.

7. Es la interacción mediante la cual las organizaciones adquieren y pagan mano de obra y productos a través de sus proveedores, sin necesidad de intermediarios:

    a. P2P.

    b. PP2.

    c. 2PP.

8. ¿Qué se pretende con la gestión de stocks?

    a. Es adoptada por numerosas organizaciones de reventa.

    b. Contener los costes de capacidad.

    c. No tener muchos productos en el almacén.

9. Se trata de un tipo de stock que se realiza de vez en cuando para decidir el estado de inventario de una organización con respecto a sus materiales accesibles, sustancias naturales, recursos y producto:

    a. Stock inactivo.

    b. Stock duradero.

    c. Stock ocasional.

10.¿Qué tipos de existencias existen?

    a. Stock corta duración.

    b. Stock total.

    c. Stock corto plazo.

U. A. 2. Costes

Introducción

El coste es una idea contable que alude al valor de la utilización de activos que han sido importantes para crear artículos u ofrecer tipos de asistencia. Las estimaciones de costes se realizan normalmente con información relacionada con periodos que han sucedido proactivamente, por ejemplo, la valoración de artículos se realiza pensando en gastos verificables.

Las estimaciones también pueden realizarse con costes planificados a la luz de las cifras de periodos futuros. El uso es una idea de contabilidad monetaria y alude a la compra o el aseguramiento de mano de obra y productos para su utilización, tanto durante la interacción de creación como para personas ajenas, y conectada con la acción realizada por la asociación. Coste es un término relacionado con la normativa contable, ya que una idea no puede incorporarse como coste si la normativa no lo permite.

Los costes no armonizan en su mayor parte con los gastos, ya que hay costes que no se consideran como tal, por ejemplo, los costes de oportunidad y hay costes que no se consideran gastos, por ejemplo, las obligaciones personales de la empresa o los costes excepcionales.

Objetivos

- Identificar los costes de abastecimiento y almacenamiento.
- Conocer cuál es la rotación de existencias en un almacén.
- Establecer la valoración de existencias y tipos de métodos existentes.

1. Costes de abastecimiento

La reducción de costes es un objetivo al que se recurre con frecuencia al analizar la gestión de una red de tiendas. En cualquier caso, hasta el momento, no se han introducido ideas que permitan una evaluación completa de los gastos en una red de tiendas.

Fig. 1. Es importante realizar un estudio de todos los materiales que tengamos en el almacén

En primer lugar, se examinará el sistema en relación de los artículos que se tenga, que permite llevar la solicitud a la dirección y a los ejecutivos de una red de tiendas.

Entonces, en ese punto, hay tres tipos de gastos que suelen ser importantes en cualquier empresa:

- Gastos directos.
- Gastos de organización.
- A lo largo de la red de existencias, los gastos de cambio.

Esencialmente, en la administración de una red de producción, la disminución completa de los gastos se fija la mayor parte del tiempo como objetivo primordial. Sea como fuere, no se introduce ninguna estructura razonable que permita una caracterización de los costes inmediatos y de intercambio.

Simultáneamente, ganan otros objetivos, por ejemplo, la disminución de la duración del proceso y la disminución de las existencias. Se espera que, a medida que se cumplan estos objetivos, disminuyan los costes.

La red de almacenes incorpora dos perspectivas:

- La de la administración de artículos, materiales y datos.
- La de la administración de las conexiones que surgen en una red de almacenes, que deben considerarse dentro del sistema de relación-red de artículos.

Las unidades de evaluación/control de calidad en las organizaciones son el gasto especializado del cual se encargan de reducir los economistas de la empresa.

Por lo tanto, una red de producción (SCM) es la mezcla de estos ejercicios a través de una mejora de las asociaciones de la red de tiendas, con el objetivo de lograr una ventaja manejable.

Simplemente ocupándose de las conexiones entre todos los miembros de una red de producción se pueden controlar las conexiones interrelacionadas con los flujos de material y los flujos de datos.

Por lo tanto, deben tenerse en cuenta las deficiencias y capacidades de la multitud relativa de organizaciones que participan en una red de almacenes, ya que la intensidad de una red de almacenes es tan sólida como su conexión más vulnerable. Una administración general se coordinaría como el sistema primario fundamental.

Los marcos de creación funcionan en función de la demanda prevista. Las mercancías pasan por las líneas de creación y permanecen en stock para satisfacer una próxima necesidad. Esto funciona con la creación, pero conlleva elevados gastos de capacidad o soporte y una baja adaptabilidad de la creación. Esta fabricación a gran escala no permite satisfacer las necesidades particulares y dinámicas de cada cliente.

El marco posterior, denominado "creación impulsada por el tirón", tira de la creación, por ejemplo, la creación se realiza en función de los requisitos previos del cliente, ya que este impulsa una solicitud próxima que pone en marcha el desarrollo de un artículo concreto. Los problemas que surgen en este marco están relacionados con el límite y sus gastos, por ejemplo: la utilización de máquinas profundamente adaptables, los costes de oportunidad, en caso de pedidos difíciles de satisfacer.

Debido al interés de cada territorio, las impresoras se añaden a un transformador específico para cada país y se difunden a los puntos de venta.

1.1. Compra o producción

No se trata solo de comprar, sino de tener un sistema global que incorpore desde una gran administración de los centros de distribución para ayudar a aumentar los niveles de stock, hasta ajustar el plan de tareas y factores coordinados para incrementar la rotación de stock.

La organización intentará ser competitiva en el mercado con dos tipos de sistema: separándose en la calidad o separándose en los costes de los productos y los dos focos que necesitan la mejora de un plan de compras, relevante incluso para la organización, que a pesar de que su artículo es su propia ayuda, necesita saber quién suministra el producto para su movimiento, los pedidos para la administración diaria.

A. Interacción de fabricación

Proceso que influye en una planta de fabricación: la organización adquirirá una progresión de materias primas que, tratándolos adecuadamente, con un proceso determinado y a través de ciclos específicos, los transformará en productos únicos en relación a los primeros.

Fig. 2. La organización adquirirá una progresión de materias primas que, tratándolos adecuadamente, con un proceso determinado

B. Innovación aplicada a la compra

A partir de ahora, todos los ámbitos se han visto atacados por este cambio. Aquellas organizaciones que han tenido la opción de ejecutar nuevos avances antes que sus rivales son las que han prevalecido al acecho.

En consecuencia, en la elaboración de la estrategia, debemos tener en cuenta las siguientes características:

- Debe realizarse una investigación de la innovación.
- Decidir los avances más recientes en el campo.
- Decidir la innovación utilizada por los contendientes.
- Innovación aplicada en nuestra organización.
- Límite de creación.

Para iniciar su actividad, una organización debe decidir, entre otros, los siguientes factores:

- Número de trabajadores que utilizará en cada ciclo.
- Tamaño que requerirán sus oficinas.
- Tamaño de la zona de almacenamiento de artículos o componentes sin refinar.

- Número y tamaño de los aparatos necesarios para cada empresa.

En función de estos factores, la organización decidirá su límite de creación. Cuanto más notable sea el límite de creación, más notable será la creación a la que la organización pueda adaptarse por unidad de tiempo.

Lo ideal es que nuestra organización tenga el límite de creación más notable concebible, ya que de esta manera puede adaptarse constantemente a los intereses, en cualquier caso, mantener un límite de creación demasiado alto, incluye costes fijos específicos que deben ser considerados: oficinas demasiado enormes que incluyen una tonelada de costes de apoyo, costes de trabajo ampliados, etc.

1.2. Distribución y recepción

Estos centros logísticos se encargan de garantizar el stock de ciertos productos en una zona. Estas instalaciones reciben entradas de mercancía desde los centros de producción de la compañía y almacenan productos, que posteriormente serán enviados hacia el cliente final.

Vocabulario

La **recepción de mercancías** es el proceso mediante el cual los productos que han sido adquiridos a un proveedor llegan al almacén para que sean clasificados, controlados y colocados en él.

Una región importante en un centro de distribución es la región de picking. Esta región es fundamental cuando los productos salen del almacén con una configuración o pieza alternativa a la que tenían en la región de capacidad.

Fig. 3. Ejemplo de zona de picking

La correcta circulación del espacio dentro de un almacén es una de las tareas esenciales de las operaciones planificadas. Suponiendo que nos ciñamos a las áreas en las que nos centramos en este apartado, es vital considerar que cuando los accesos para apilar y descargar mercancía se encuentran en un lado similar del almacén, la región de recepción y la región de expedición del centro de distribución deben estar obviamente separadas.

A continuación, veremos cuál es la capacidad de cada una de estas zonas del almacén.

Los productos procedentes de la zona de descarga se almacenan en la zona de recepción del centro de distribución (en el apartado siguiente se tratarán las zonas de apilado y descarga). Por lo tanto, esta zona debe estar cerca de la entrada y debe ser autónoma del resto del centro de distribución.

Los ejercicios que se realizan normalmente en la **zona de recepción** del centro de distribución son los siguientes:

- **Control de calidad:** se comprueba que las mercancías recibidas coinciden con las dispuestas y las que figuran en el albarán o nota de transporte. Del mismo modo, se comprueban las cantidades, la calidad y los atributos de la carga.
- **Ordenación y codificación:** la etiqueta normalizada se examina con el escáner para que el PC distinga el artículo y cree el nombre de la zona. A

continuación, la carretilla elevadora o el medio mecánico utilizado traslada los productos a la zona de comparación del centro de distribución.

- **Transformación para la capacidad:** cuando las camas o las cargas unitarias son incoherentes con el marco de capacidad o el centro de distribución se retira, los productos deben ser atendidos y las nuevas cargas deben ser conformadas para su área.

La **zona de expedición** del centro de distribución es el espacio de la instalación en el que se procede al embalaje del conjunto de mercancías dispuestas en la zona de preparación de pedidos y que van a ser servidas al cliente.

Aquí tienen lugar unos cuantos ejercicios: el prensado, la denominación objetiva del producto y la comprobación de los artículos elegidos, la combinación de pedidos o la agrupación de mercancías para su entrega a clientes individuales.

La agrupación de mercancías es una perspectiva básica para salvaguardar los artículos durante las etapas de vehículo y capacidad para que lleguen al último comprador en las mejores circunstancias.

Fig. 4. El transporte de mercancías se trata del desplazamiento de un objeto que puede ser comercializado desde un lugar de origen

La zona de transporte de un almacén puede aislarse en varios segmentos o regiones:

- **Zona de unión:** utilizada para agrupar pilas que se aventurarán hacia un objetivo similar y cuando los productos se transportan con una creación alternativa a cómo se han guardado.

- **Zona de prensado:** se utiliza para los productos que, debido a sus cualidades o al volumen del pedido, no se pueden embutir en la región de picking o en la región de solidificación.

- **Zona de control de transporte:** esta región se utiliza para asegurarse de que los productos ordenados coinciden con los mencionados por el cliente y de que el embalaje será razonable para el método de transporte que los llevará a su destino.

2. Costes de almacenamiento

Vocabulario

Un **coste de almacenamiento** responde al gasto económico necesario para albergar y mantener las diferentes mercancías en un determinado espacio. Es decir, estos costes de almacenamiento son imprescindibles para el correcto funcionamiento de un sistema de almacenaje, así como para la protección y la gestión del stock.

Fig. 5. Los costes de almacenamiento son imprescindibles para el correcto funcionamiento de un sistema de almacenaje

Hay que tener en cuenta que un coste de almacenamiento puede ser tanto fijo como variable. Los gastos variables difieren en función de la cantidad de existencias en el centro de distribución.

A continuación, debemos averiguar cuáles son los tipos fundamentales de costes de almacenamiento, que pueden ser fijos o variables:

- **Los gastos de material de oficina y suministros**. Los costes del tablero, de entrada, son tanto fijos como variables. Se refieren a los costes creados por la organización del almacén. Por ejemplo: las finanzas, el material de oficina, la electricidad, el suministro de agua, etc.

- **Costes de mantenimiento de existencias**. Otro tipo de coste de almacenamiento es el relacionado con el mantenimiento de las existencias. Ya sea en almacenes exteriores o interiores, se trata de una suma vital para caracterizar la metodología de factores coordinados de una organización.

  En este tipo de gastos podemos ver el valor de los que proceden del propio stock y otros, por ejemplo, los costes de protección. La última opción dependerá del tipo de productos almacenados.

- **Costes mantenimiento**. Este tipo de coste de capacidad es fijo y hace referencia a la suma relacionada con el armazón del almacén: alquiler, arreglos, mantenimiento, cargas, protección...

- **Gastos de funcionamiento**. Este tipo de coste es variable y cubre el tratamiento de las mercancías. Los gastos de funcionamiento incluyen, por ejemplo, la facultad de transporte, los materiales, el mantenimiento de los equipos y la protección, entre otros.

- **Gastos de oficina**. Los gastos de oficina son los costes que aumentan efectivamente las cargas de espacio y de avance. En total, incorpora los gastos de artículos esenciales para la correcta actividad del centro de distribución: control programado, programación de operaciones planificadas, carretillas elevadoras o estanterías metálicas, etc.

Por último, es importante tener en cuenta las distintas variables que inciden en el coste de almacenamiento.

Las principales variables son las siguientes:

- **Cantidad de artículo y su volumen de referencias:** no es algo similar tener un enorme surtido de referencias que tener numerosas cantidades de un artículo similar. La capacidad no será algo similar.
- **Aspectos de la mercancía:** el espacio extra cambia en función del volumen de los artículos guardados. En el caso de que las mercancías sean más pequeñas, poseerán menos y, de esta manera, se liberará más espacio extra. Además, suele ser normal utilizar nomenclatura específica para la mercancía en cargas unitarias.
- **Área de almacén:** el área del centro de distribución es igualmente un factor vital para calcular el gasto de capacidad. El coste es mayor en el caso de que esté situado en el centro de una ciudad que en los bordes.
- **Irregularidad:** depende de la zona y de la temporada. En algunas regiones modernas, el interés aumenta en un periodo determinado y de forma aparente.
- **Tipo de interés:** en este sentido, el gasto de almacenamiento también se ve afectado por el tamaño y la estructura de los pedidos en el centro de distribución.
- **Recogida de pedidos o preparación de pedidos:** la estrategia de cómo planificar los pedidos repercute en el gasto de capacidad, ya que en función de cómo se hagan las cosas, se adelantará o no tiempo, activos y espacio.

2.1. Los productos almacenados

El almacenamiento comprende la colocación de la mercancía en el espacio del centro de distribución destinado a aforo y protección. Los clasificaremos según: el enfoque para colocar los artículos y la utilización del espacio accesible.

Las **estrategias de almacenamiento** que dependen de la situación de los productos son:

- **Almacenamiento organizado**. Consiste en asignar un lugar a cada artículo; los espacios se organizan de modo que solo pueda colocarse un tipo de producto en cada zona. La capacidad eficiente goza de la ventaja de trabajar con el cuidado del stock, el control y algo más; sin embargo, no ofrece adaptabilidad y evita que el centro de distribución se llene por completo. El inconveniente de esta técnica es que no hay un uso ideal del centro de distribución; a pesar de que por razones ocasionales existe la posibilidad de guardar varios artículos en un espacio similar. Por ejemplo, una zona similar durante una época del año se utiliza para almacenar patatas y en otra para naranjas.

- **Almacenamiento desorganizado**. Las mercancías se colocan en las zonas o huecos actuales a medida que se consiguen, sin seguir una petición concreta, básicamente por la necesidad de almacenar el artículo. La realidad de no relegar un lugar determinado a cada artículo permite llenar al máximo el almacén; para ello, las regiones deben permitir la más extrema adaptabilidad, es decir, tener los aspectos satisfactorios para ser utilizadas con cualquiera de los artículos que se consigan en el centro de distribución. La característica de esta técnica es mantener el control de las existencias.

Fig. 6. Un almacén organizado es menos peligroso para los trabajadores

Uno de los principales objetivos de los factores coordinados es lograr un uso ideal del espacio extra accesible. Para ello, es necesario diseccionar inicialmente los límites que lo caracterizan, por ejemplo, la región de superficie y el volumen.

La **región de almacenamiento** es la región utilizada únicamente para el almacenamiento de los productos; se calcula en metros cuadrados y se obtiene calculando las entradas y salidas de almacén que pueden darse. Cuando se obtiene la superficie y se conoce la cantidad de productos que se van a almacenar, se desglosan las posibles técnicas de apropiación para mejorar el espacio.

Fig. 7. Los espacios se organizan de modo que solo pueda colocarse un tipo de producto en cada zona específica

El almacenamiento a la luz de la racionalización de la superficie/espacio utiliza fundamentalmente dos estrategias:

- El **almacenamiento sin pasillo** se consigue normalmente formando bloques de artículos apilados sin tener en cuenta el fondo, de forma que no se desperdicie espacio entre ellos. Al guardar en un bloque reducido sin pasarelas y con mercancía absolutamente normal, la tasa de racionalización del espacio es del 100%, tanto si los artículos se colocan en paletas de ayuda como directamente unos encima de otros.

- El **almacenamiento con pasillo** consiste en apilar las mercancías sobre paletas, colocándolas unas encima de otras, pero dejando un tabique o vía de acceso entre dos pilas de unidades, cuya anchura depende del medio utilizado para el apilamiento. En esta situación, la tasa de avance del espacio es simplemente superior al 30%, ya que depende de la anchura de los pasillos y llega a ser la esperada para el equipo de manipulación.

Cuando se trata de alcanzar el nivel más extremo, tanto si almacenamos directamente en el suelo como si utilizamos estanterías, la capacidad se realiza en bloques apilados, pero debemos garantizar que estos funcionen con admisión para separar la mercancía almacenada.

Fig. 8. La capacidad en bloques apilados consiste en encuadrar bloques de artículos homogéneos que se reconocen por una referencia similar y con el apilamiento de los montones se conforman los pasillos de entrada para la guarda

Esta **estrategia de capacidad** puede utilizarse cuando los productos están compuestos por cargas unitarias de gran volumen (paquetes o bidones) o están paletizados y se guardan enormes cantidades de cada una de las referencias.

Las ventajas del almacenamiento en bloque apilado son las siguientes:

- La región de almacenamiento es aprovechada en toda la superficie, ya que la cantidad de pasillos se disminuye a los mínimos necesarios.
- El almacenamiento y el cuidado se pueden completar con medios mecánicos sencillos y, de esta manera, se requiere poca inversión en los equipos y en las instalaciones.

En cualquier caso, tiene igualmente algunas desventajas que deben tenerse en cuenta, como el adjunto:

- Los rendimientos no se pueden utilizar según las normas FIFO, ya que no se sabe qué cosa ha entrado primero.
- Los montones pueden desestabilizarse o aplastarse, ya que se colocan unos encima de otros.
- Es extremadamente difícil preparar envíos compuestos por partes de cargas o planificar grupos de una referencia solitaria, si para llegar a un producto concreto es imprescindible eliminar todos los que lo engloban.

2.2. Rotación de las existencias: periodo medio de rotación y maduración

La rotación de existencias alude a las veces que se debe recargar el stock del centro de distribución en un plazo, generalmente de un año.

Conocer este archivo en su organización tiene una importancia fundamental, ya que ayuda a controlar los peligros relacionados con una administración desafortunada de las existencias. En cualquier caso, ¿cómo se determina la rotación de existencias y qué importancia tiene aquí tener una rotación de existencias alta o baja?

Vocabulario

La **rotación de existencias** también puede percibirse como las veces que una cosa pasa por todo el proceso empresarial: se vende, sale del centro de distribución y se recoge durante un tiempo determinado. De este modo, la organización recupera la especulación subyacente que hizo al conseguirlo y adquiere el beneficio correspondiente.

¿Cómo se determina la rotación de existencias de cada artículo? La fórmula utilizada para calcular el índice de rotación de existencias es un remanente entre el valor de las referencias vendidas (al coste, no a los ingresos) y el valor típico de las existencias. El resultado muestra las veces que se restablece el stock en el tiempo que decidamos (los datos son anuales, será de forma constante).

La **rotación de existencias** influye en la actividad del centro de distribución y decide:

- **El diseño del centro de distribución**: la rotación de existencias es vital para organizar el diseño del centro de distribución. Decide la posición de los artículos en las distintas zonas y su orden según el esquema ABC (A: alta rotación, B: rotación media y C: baja rotación).
- **Límite de capacidad**: para hacer frente al espacio ocupado o accesible para guardar los productos, es importante controlar los niveles de existencias, y el pivote de existencias es un elemento esencial.
- **Asociación del proceso de trabajo**: en un centro de distribución con varios índices de rotación de existencias, los flujos de materiales serán más difíciles de liquidar. En estos casos, la utilización de un sistema de gestión de centros de distribución o SGA es esencial para mantener un control exhaustivo de la evolución de las existencias.

Vocabulario

Periodo medio de rotación. La proporción típica de rotación de existencias nos indica el número típico de días en que se agotan y renuevan las existencias.

Durante el ciclo de trabajo de una organización y en función de la actividad, las existencias se agotarán y se repondrán un número determinado de veces.

Las organizaciones deben gestionar bien sus existencias para evitar que se agoten o que queden obsoletas (entre otras cosas). Según la ecuación de estimación, la proporción típica de rotación de existencias nos permitirá conocer la recurrencia en días con la que una organización agota y recarga totalmente su centro de distribución.

Fig. 9. La proporción típica de rotación de existencias nos indica el número típico de días en que se agotan y renuevan las existencias

El **plazo típico de desarrollo (PTA)**, o simplemente plazo normal, es el tiempo que, en términos típicos, transcurre entre el desembolso de dinero y la recuperación del que se ha utilizado para satisfacer las necesidades de financiación del ciclo de trabajo de la organización. Al fin y al cabo, el tiempo típico transcurre entre el pago a los proveedores para la adquisición de componentes sin refinar y el abastecimiento por parte de los clientes para la oferta de artículos terminados.

 Cálculo

El PMM es una medida de dinamismo de la explotación de la actividad organizacional y se expresa matemáticamente de la siguiente manera:

$$PMM= PMA+PMF+PMV+PMC-PMP$$

En cuanto a las fases PMM se pueden distinguir 5 (cinco) de estas etapas: PMA, PMF, PMV, PMC y PMP.

A. Periodo normal de aprovisionamiento (PMA)

En general, es el tiempo que permanecen las materias primas obtenidas para el ensamblaje de los artículos. Se halla dividiendo el saldo medio de materias primas por la utilización diaria de estas existencias.

Cuanto mayor sea el PMA, más tiempo permanecerán las sustancias naturales en el almacén y, por consiguiente, mayor será la inversión en cuanto a materias primas.

B. Periodo medio de fabricación (PMF)

En general, es el plazo previsto para completar el ensamblaje de los artículos y se determina dividiendo el saldo medio de producción cuyo ensamblaje está en curso, por el coste diario de producción.

Cuanto mayor sea el PMF, más prolongado será el tiempo previsto para fabricar los artículos.

C. Periodo medio de venta (PMV)

En general, lo que se tarda en vender una producción terminada; por ejemplo, el tiempo típico que los artículos terminados permanecen en stock hasta que se venden. El plazo de venta típico se obtiene separando el saldo medio de productos terminados en stock por el gasto normal de mercancía terminada vendida en un día.

Cuanto mayor sea el PMV, más tiempo permanecerá la mercancía terminada en el centro de distribución antes de que se realice una venta, lo que sugiere un mayor interés en los registros de existencias de productos terminados.

D. Período medio de cobro a clientes (PMC)

En general, el tiempo que tardan los clientes en pagar, por ejemplo, el tiempo típico entre la venta y el cobro. Se halla separando el saldo medio de los registros a cobrar de los clientes por las ventas medias diarias a crédito.

Cuanto más alto es el PMC, más largo es el tiempo esperado para cobrar de los clientes y, por consiguiente, hay una inversión en cuentas a cobrar a clientes.

E. Periodo medio de pago a proveedores (PMP)

Es el tiempo que se tarda en pagar a los proveedores, el tiempo que transcurre entre la adquisición de mercancías o materias primas y su abono. Se determina dividiendo el saldo medio de los registros a pagar a los proveedores por las compras normales con tarjeta de crédito.

2.3. Valoración de las existencias: métodos y correcciones valorativas

La valoración de existencias es el conjunto de estrategias que permiten estimar cuantitativamente el coste de las mercancías.

Al fin y al cabo, no existe un único tipo de marco de valoración. Cuando hablamos de mercancías o existencias, nos referimos principalmente a recursos con un alto índice de rotación.

Existen múltiples enfoques para estimar las existencias, aunque los más populares son tres:

- **FIFO**. First in, firstout, que se descifra como "lo primero que entra, lo primero que sale". Consiste en eliminar del stock las mercancías que llevan más tiempo disponible.

- **LIFO**. Last In, First Out, que significa lo primero en entrar es lo último en salir. Este marco intenta dar necesidad a los productos que más han aparecido últimamente en el centro de distribución.
- **Periodo medio de pago a proveedores** (PMP). Es el tiempo que se tarda en pagar a los proveedores.

Por lo tanto, el FIFO y PMP son los que se utilizan en una gran parte de las organizaciones.

Para mostrar claramente qué estrategia es la más razonable para una empresa, veamos tres modelos:

- En el caso de que una empresa de alimentación no deseche las principales peras, manzanas o similares que aparecen en el comercio minorista, perderá dinero superfluamente. La estrategia de valoración a seguir será FIFO o PMP.
- Por otra parte, una empresa de cocina podría ofrecernos comida de días anteriores en lugar de proporcionarnos la más reciente que haya aparecido en el centro de distribución. Esto puede cambiar en función del plato solicitado. Las estrategias LIFO y PMP pueden ser un método fascinante para quedarse con las existencias.
- Por último, en el caso de que estemos gestionando un caso de un negocio en el que una sustancia fundamental sin refinar (madera, acero, etc.) sea el suministro principal de la organización, la estrategia PMP es la más adecuada. Así pues, cuanto más homogénea sea una empresa, más le conviene utilizar el marco PMP.

Resumen

En esta unidad, hemos hecho referencia a los costes, cómo se calculan esos costes, qué influye en el cálculo de los costes, qué debemos añadir a los costes de abastecimiento y cómo influyen en el cálculo de los stocks de almacén.

Además, hemos visto cómo se realiza la compra o producción de los materiales para no acumular material que no sea necesario, con las fórmulas existentes y los métodos necesarios para tener en cuenta la compra de materiales.

Hemos analizado cómo se calculan y cuáles son los costes de almacenamiento, cuáles son los productos almacenados y qué productos no conviene tener en el almacén durante mucho tiempo.

Finalmente, hemos visto cómo se realiza la rotación de las existencias y como se obtienen los cálculos para saber que productos se deben comprar con más afluencia que otros.

Glosario

Existencia

Los inventarios se perciben como aquellos recursos propiedad de la organización que se espera que sean esenciales para el proceso de cambio, incorporación, creación o negociación. También se denominan existencias.

Factura

Un recibo es un informe comercial que demuestra la compra y la oferta de una decencia o administración. Es legal y financieramente sustancial. Un recibo es un informe de carácter mercantil que demuestra un trato o adquisición de un bien o administración y que, además de otras cosas, debe incorporar todos los datos de la actividad. Podemos decir que es una licencia de cambio de un bien o administración tras la adquisición de otro similar.

Impreso

Esta palabra alude a cualquier medio o componente aplicado al negocio o litografía como un folleto, índice, libro, bloc de notas, papel, hoja impresa o grabado. Hoja impresa con espacio libre para rellenar para cualquier manejo de registro.

Informe

Un informe es un registro cuyo diseño consiste en transmitir un conjunto de datos recopilados y recientemente diseccionados por medidas específicas. El informe, por tanto, acumula datos y realidades confirmados y desglosados por su creador. Datos que, una vez examinados, dan una progresión de respuestas, así como información pertinente, a la asociación de un fundamento o elemento.

Inventario

El stock es el registro de los recursos que tienen un lugar con un individuo característico o lícito. De este modo, es un registro de una progresión de recursos o artículos. En otras palabras, el stock, en términos cotidianos, es un registro donde se anotan todos y cada uno de los efectos del individuo u organización. Esto, con fines contables o de otra índole.

Ejercicios de autoevaluación

1. ¿Cómo pueden hacerse las estimaciones?

   a. Costes planificados.

   b. Sin ningún tipo de cálculo.

   c. Contando los costes.

2. ¿Cuál es un objetivo de costes?

   a. Obtener el mayor beneficio.

   b. Reducción de gastos.

   c. Obtener muchas ventas.

3. ¿Qué se puede realizar con un control de costes?

   a. Mirar los ingresos de una persona.

   b. Examinar el sistema.

   c. Controlando las ventas.

4. ¿Qué ejercicios se realizan?

   a. Ninguno en especial.

   b. Ordenación de costes.

   c. Compra y venta de productos.

5. ¿Qué fomenta el plan de artículos?

   a. Vender el mayor número de productos.

   b. Fomenta la capacidad de los proveedores.

   c. Intentar comprar el mayor stock posible.

6. ¿Qué es importante en la distribución de costes?

a. Las deudas de una persona.

b. Obtener el mayor beneficio.

c. Picking.

7. ¿Qué tipos de costes puede haber?

a. Activos.

b. Directos.

c. Pasivos.

8. ¿Qué se busca con la compra?

a. Innovación.

b. Beneficio.

c. Mayor número de ventas.

9. ¿Cuál es el término utilizado para referirse a los inventarios?

a. Recursos esenciales.

b. Existencia.

c. Propiedad.

10.¿Qué es la compra?

a. Venta de productos.

b. Adquisición de productos.

c. Ganancia de patrimonio.

U. A. 3. Inventarios

Introducción

Un inventario es un informe que registra todos y cada uno de los recursos y existencias de una organización, que pueden utilizarse para alquiler, uso, cambio, utilización o trato. Debe ser un inventario definido que incorpore, además de los recursos inconfundibles, los privilegios y obligaciones de una organización.

En definitiva, también ayuda a comprobar qué componentes forman parte de los recursos de una asociación, además de supervisar los artículos que ofrece a sus clientes.

Objetivos

- Identificar un inventario y conocer los principales tipos de inventarios.
- Realizar un inventario con los distintos métodos que existen.
- Conocer las técnicas de valoración de inventarios.

1. Concepto y tipos de inventarios

El **inventario** permite a una organización conocer la varianza de las cosas, lo que repercute en las decisiones que se tomarán sobre los proveedores y la cantidad de existencias que deben mantenerse para satisfacer las necesidades de los clientes. Además, garantiza que no se produzcan mermas, robos o abundancia de artículos, lo que se traduce en mayores costes de almacenamiento.

Hay varios tipos de inventarios que responden a necesidades específicas o funcionan mejor con productos explícitos.

Entre los principales tipos de inventarios que son mejores para su organización son los siguientes:

- Físicos.
- Componentes no refinados.
- De artículos en proceso de montaje.
- Mercancía terminada.
- Suministros de línea de producción.
- Bienestar.
- Desacoplamiento.
- En camino.
- Ciclo.
- Ocasionalmente.
- En tuberías.
- Por hipótesis.
- De naturaleza normal o repetitiva.
- Seguridad.
- Para existencias caducadas, muertas o perdidas.
- Según su área.

Las etapas fundamentales para realizar una acción son las siguientes:

1. Registrar las existencias que componen el stock.
2. Reconozca dónde se guarda todo el stock.
3. Tener un grupo dedicado a las existencias.
4. Buscar los instrumentos adecuados para supervisar las existencias.
5. Diseñar técnicas y frecuencias para supervisar las existencias.

Fig. 1. Es esencial hacer un registro exhaustivo de lo que necesita almacenar y como almacenarlo

El método más eficaz para hacer una acción consta de cinco etapas, son las siguientes:

A. Registrar las existencias que componen el stock

Esta es quizá la tarea más laboriosa de todas, ya que es esencial hacer un registro exhaustivo de lo que necesita almacenar. En el caso de que sea la primera vez que se ejecuta, puede que no sea plausible hacerlo electrónicamente (con una identificación estandarizada, por ejemplo), por lo que deberá dedicar un par de días especialmente a este ciclo.

Esto implica, asimismo, que debe hacer una agrupación de las cosas o materiales para que su administración sea más eficaz. Por ejemplo, ¿este stock es para registrar los artículos que se venden, los componentes sin refinar?

B. Reconozca dónde se guarda todo el stock

A veces no basta con un único almacén. En el caso de que sea importante visitar unas cuantas zonas, podría ser inteligente hacer una guía de recorrido o dirigir a unos cuantos grupos de personas para que se responsabilicen de cada espacio y, en consecuencia, racionalizar el tiempo aportado. Lo que nos lleva al siguiente punto.

C. Tener un grupo dedicado a las existencias

La administración de las existencias es una obligación importante. Los individuos responsables de ella deben estar minuciosamente comprometidos con cada una de sus etapas, ya que de ella depende que haya una revolución suficiente del producto, que no haya contratiempos, abundancia de artículos o debilidades que se conviertan en pérdida de salario.

Fig. 2. El grupo dedicado a las existencias deberá tener como prioridad detectar errores

D. Buscar los instrumentos adecuados para supervisar las existencias

Aquí hablamos de los que hacen más sencillas las empresas. Por ejemplo, la programación de ejecutivos, que ayuda a coordinar en un único espacio cada uno de los ciclos, desde el alistamiento de materiales hasta los canales por los que se vende el último stock. Con ella, es más sencillo hacer un seguimiento continuo de las existencias y, por tanto, diseñar técnicas para que las existencias sean todo lo eficientes que cabría esperar.

E. Diseñar técnicas y frecuencias para supervisar las existencias

Este punto sigue siendo inseparable del anterior. En función del tipo de cosas y materiales que tenga en su centro de distribución, es factible elegir una técnica de control de existencias que proceda a medida. No todas ellas funcionan para los ejercicios empresariales de cada organización, por lo que le sugerimos que investigue cuál aborda las cuestiones que influyen en la suya específica para que pueda elegir, asimismo, con qué frecuencia es inteligente auditar sus existencias.

2. Realización de los inventarios: métodos y documentos

Vocabulario

El **cálculo de las existencias** consiste en analizar la medida real de las existencias que disponemos con el número que aparece en nuestros libros de registro. Esto se denomina control de existencias.

Se podría entender que las existencias son algo único para las organizaciones que tienen artículos en un almacén, pero eso puede dar lugar a un error.

Fig. 3. Cualquier empresa que necesite salvaguardar sus recursos necesita llevar un stock intermitente

Por lo tanto, cualquiera que sea el tamaño de su empresa, usted debe saber cómo hacer un stock para darse cuenta de sus recursos de forma coherente, y, en consecuencia, ahorrar costes.

Suponiendo que sepa hacer un inventario, su productividad y sus resultados serán mejores, ya que no solo ahorrará costes, sino que también obtendrá un resultado más destacado con menos riesgo.

La administración de existencias afecta directamente a la presentación de su empresa y a sus beneficios. Por eso debe tenerlo en cuenta y poner los medios fundamentales para que todo funcione con precisión.

A nivel contable debemos hacer inventarios anuales para tener la opción de dar una imagen genuina de nuestro patrimonio y nuestro resultado.

El Libro de Existencias y Registros Anuales es un libro de carácter obligatorio para cada uno de los gestores financieros y que abarca una actividad total. Contiene: el registro monetario, beneficio y pérdidas y los ajustes preliminares trimestrales.

 **Importante**

Hay que tener en cuenta lo siguiente:

- **Existencias y rotación de existencias**. Preferiblemente, cualquier organización debería tener la opción de realizar su stock de forma consistente, sin embargo, esta administración tiene un gasto (en tiempo y efectivo) que puede no ser productivo dependiendo del movimiento o tamaño de su negocio.
- **Un stock decente recupera costes**. Recuerda que hacer un método de stock evita costes de compra de copias, protección o robos y roturas.

En cualquier caso, cubrirá menos valoraciones, ya que deducirá el 100% de la utilización genuina de materiales y artículos.

A continuación, se muestran algunas pautas para hacer un inventario:

A. Estrategia de inclusión según el movimiento y las cualidades de la organización

Por ejemplo, para inventariar los recursos de una oficina, puedes hacerlo por unidades. Sea como fuere, para una cafetería es más inteligente utilizar balanzas para calibrar comestibles y recipientes. Así puedes tener un cómputo exacto con un bajo coste de administración.

B. Estimar con precisión los inventarios

Sobre todo, cuando se realizan compras periódicas a distintos costes. Uno de los modelos es utilizar el coste típico de las distintas compras.

C. Utilizar programas informáticos

Mecanizar la administración del centro de distribución y el control de existencias es inteligente a medio plazo.

Fig. 4. Un programa de control de existencias hará que su empresa sea más productiva y competente

Escoja un producto que trabaje con la valoración y control de inventarios de larga duración a la vista de fuentes de datos o resultados, con cautelas de stock robotizados, que sea flexible y libre del tipo de negocio, etc.

D. Ejecutar técnicas de control

Por ejemplo, recuento por facultad de una división inesperada en comparación con el centro de distribución, examen de las acumulaciones de choque para echar un vistazo realmente a la fiabilidad de las existencias, recuento más regular de los recursos de mayor valor o mayor rotación, etc.

E. Normalizar la estructura real de las existencias

Por ejemplo, con estructuras de recuento hasta cierto punto acabadas, escáneres de identificación normalizados, etc.

F. Inventarios directos en fechas inequívocas

Cuando el almacén está tan lleno como cabría esperar y el volumen de productos que sale es bajo.

Se deben realizar los inventarios directos en las fechas que correspondan. Aunque este es el consejo más importante sobre el método más eficaz para hacer un inventario, es lo principal que debe recordar, ya que hacer un inventario decente puede requerir varios días.

Fig. 5. Se debe hacer un recuento de las existencias para conocer la cantidad exacta de productos disponibles en un momento concreto

3. Valoración de los inventarios

Vocabulario

Las **estrategias de valoración de existencias** son métodos aplicados para estimar las unidades en existencias en términos financieros. Esta valoración es especialmente útil cuando las unidades se obtienen a distintos costes.

Las organizaciones necesitan conocer el gasto de sus existencias. Si no lo supieran, no tendrían la posibilidad de calcular el gasto de las mercancías vendidas ni de conocer el valor de sus existencias al final de su ciclo de trabajo.

Existen algunas técnicas de valoración de acciones ampliamente reconocidas, las principales son las siguientes:

- **FIFO**: lo primero que entra es lo primero que sale, lo que significa que el principal valor en aparecer es el principal valor en salir. Al final del día, las unidades más antiguas se venden primero.
- **LIFO**: implica el polo opuesto de la estrategia anterior. Mediante esta técnica se venden las unidades compradas más recientemente.
- **Gasto normal ponderado**: esta técnica mide el gasto de las unidades. Se determina separando el gasto de las unidades en euros por el número absoluto de unidades de la acción.

Resumen

En esta unidad hemos explicado en qué consisten los inventarios y sus características principales, hemos visto cuáles son los tipos de inventarios y cuál debemos emplear dependiendo del tipo de almacén del que dispongamos.

Además, hemos visto cuáles son las etapas fundamentales en la realización de un inventario y se ha explicado cuál es el método más eficaz en el cálculo de un inventario con un análisis en cinco etapas.

Para finalizar esta unidad, hemos visto el procedimiento a seguir para realizar los inventarios, los documentos necesarios y los métodos. Por último, hemos hecho una valoración de los inventarios, analizando las técnicas más conocidas que existen en la actualidad: FIFO, LIFO y gasto normal ponderado.

Glosario

Abastecimiento

El suministro es la actividad y el efecto de dar a alguien lo que necesita. El "alguien" al que abastecemos puede ser cualquiera, por ejemplo: Un comprador al que hay que suministrar productos como alimentos, ropa, electrodomésticos, combustible, energía, etcétera.

Compra

Una compra es el punto en el que alguien asegura algo a cambio de dinero en efectivo u otro pensamiento no financiero; el individuo o elemento que realiza la compra es el comprador, mientras que el individuo o sustancia que obtiene el pensamiento es el comerciante.

Coste

El coste es una idea contable que alude al valor de la utilización de los activos que han sido importantes para tener la opción de entregar artículos u ofrecer tipos de asistencia.

Distribución

Transporte de un artículo hasta el local donde se va a promocionar.

Recepción

La recogida de pedidos es uno de los ciclos de un almacén de operaciones coordinadas. Se compara a la marca de mudanza de propiedad entre un proveedor y un cliente.

Ejercicios de autoevaluación

1. ¿Cómo se realiza el inventario?

    a. Sumando todo lo que se tiene.

    b. Comprobando y numerando los materiales.

    c. Contando el mayor número de productos.

2. ¿Qué son las existencias?

    a. Los activos.

    b. Los pasivos.

    c. Es la variación de los elementos.

3. ¿Son importantes en una empresa las existencias?

    a. No, solo producen gastos.

    b. Sí, ya que produce ingresos cuando se venden.

    c. Depende de cómo se mire.

4. ¿Qué satisfacen las existencias?

    a. Ayudan a obtener más beneficios.

    b. Mayor número de compras para la empresa.

    c. Las necesidades.

5. ¿Cómo se hace un inventario?

    a. Contando todo lo que se tiene.

    b. Haciendo la valoración de existencias.

    c. No importan si nos dejamos algún material sin registrar.

6. ¿Importa el tamaño de la empresa?

    a. Si, hay que conseguir ganancias a toda costa.

    b. No, lo importante es el conjunto de beneficios.

    c. Depende del número de gerentes que exista.

7. ¿Qué garantizan las existencias?

    a. Que no se produzcan robos.

    b. No tener beneficios.

    c. Tener muchas piezas en el almacén.

8. ¿Qué tipos de inventarios existen?

    a. Normales.

    b. Físicos.

    c. Virtuales.

9. ¿Qué es la recepción en un almacén de operaciones coordinadas?

    a. La marca de mudanza de propiedad entre un proveedor y un cliente.

    b. El proceso de recoger pedidos.

    c. La entrega de productos a los clientes.

10.¿Cómo se realiza un inventario?

    a. No existe ninguna regla.

    b. Intentando guardar todo el material que se pueda.

    c. Realizando una hipótesis sobre el material.

U. A. 4. Factores de aprovisionamiento

Introducción

Las operaciones coordinadas de aprovisionamiento aluden a la fase inicial por la que pasan los artículos en una red de producción, en concreto la obtención y el almacenamiento.

Los factores de aprovisionamiento se encargan de las provisiones previstas para la distribución y el ensamblaje de artículos terminados, semielaborados y sustancias naturales, para garantizar el funcionamiento adecuado del resto de actividades de la red de tiendas.

En esta unidad, conoceremos los factores para gestionar los stocks de manera eficaz.

Objetivos

- Conocer cuáles son los factores a tener en cuenta en la gestión de stocks.
- Comprender cómo funciona el Modelo Wilson.
- Establecer la función de coste para reaprovisionamiento uniforme.
- Identificar las incidencias que se producen en la gestión de stocks.

1. Factores a tener en cuenta en la gestión de stocks

Para comprender mejor en qué consisten las operaciones planificadas de adquisición, es fundamental caracterizar la quinta esencia del concepto de adquisición. La adquisición consiste en asegurar los materiales esenciales para el movimiento de la organización (creación u ofertas) y guardarlos hasta que comience el proceso de creación o exhibición.

Si hablamos, por ejemplo, de una organización de ensamblaje, sus factores coordinados de obtención se centrarán en la adquisición de componentes, materiales, piezas, etc. sin refinar. En el caso de una organización de ayuda, los factores coordinados de obtención se ocuparán de la obtención de mercancías y artículos terminados desde el proveedor hasta el centro de distribución.

Es posible agrupar cada una de las capacidades realizadas por las estrategias de obtención en torno a tres elementos funcionales.

- La primera tiene que ver con la obtención de productos, por ejemplo, la forma más habitual de comprar los artículos necesarios es eligiendo proveedores y teniendo en cuenta el coste, la calidad, el tiempo de transporte, las condiciones de los plazos, etc.
- La segunda tiene que ver con la capacidad, ya que es importante habilitar un espacio para albergar los artículos que posteriormente utilizará la división de creación. Cuando el artículo se ha producido, también debe guardarse hasta que los clientes finales lo transporten y lo pongan en circulación.
- La última capacidad de las operaciones coordinadas de aprovisionamiento es ocuparse de las existencias para decidir con cuántas existencias trabajar, así como la recurrencia de las solicitudes de aprovisionamiento para cubrir las necesidades de creación y promoción de la asociación.

Existen varios enfoques para llevar a cabo la adquisición, en función de la antelación con la que nos abastezcamos o de la inconstancia de nuestro interés. Deberíamos echar un vistazo a las tres estrategias fundamentales para abordar la obtención de una organización:

- **Sin tiempo que perder**: con el JIT (Just In Time), los suministros se obtienen a medida que se necesitan, por lo que no es necesario preocuparse por almacenarlos. Esta estrategia reduce los costes de almacenamiento, pero aumenta el riesgo de ruptura de existencias y la dependencia extrema de los proveedores.
- **Sincronización con la creación**: las necesidades de creación dirigen la velocidad de las compras de existencias. En consecuencia, las fechas concretas en las que los proveedores se harán cargo de los negocios se fijan con antelación. Este marco también reduce los costes de capacidad y, al mismo tiempo, limita los posibles problemas de falta de existencias.
- **Stock de seguridad**: al disponer de un stock de bienestar, se dispone de stock adicional para gestionar cualquier imprevisto relacionado con cambios populares o retrasos de los proveedores. Incluye mayores costes de capacidad y elimina la posibilidad de que se agoten las existencias. No obstante, requiere un control más exhaustivo de todo el proceso de obtención, creación y promoción, ya que un tiempo excesivo en las oficinas puede provocar problemas de calidad y la desintegración de las existencias almacenadas.

No existe una estrategia para la adquisición de productos que sea mejor que otra, ya que cada organización elige cómo hacerlo en función de sus particularidades, su sistema de trabajo y sus activos.

Fig. 1. Cada organización elige una determinada estrategia para la adquisición de las materias primas

Es fundamental contar con una preparación y una metodología en lo que respecta a la adquisición de materiales y su consiguiente acopio. Por lo tanto, es conveniente completar grandes factores coordinados de adquisición que nos permitan, por ejemplo, una mayor coherencia en los tiempos de transporte y, por lo tanto, trabajar en la fiabilidad y la ejecución de las actividades.

Otra ventaja significativa de las operaciones planificadas de adquisición competentes tiene que ver con la reducción de costes. Nunca más tendrá que preocuparse por comprar más artículos de los que realmente desea y que se conviertan en existencias inactivas, lo que genera costes de capacidad inútiles. También se reducirán los costes de creación, ya que dispondrá constantemente de la mercancía que desee para mantener los niveles de eficiencia especificados, sin que se produzcan roturas de stock.

Del mismo modo, la elección de grandes proveedores le permitirá limitar los costes de transporte y disponer de una reserva normal y eficaz de material de valor. Trabajar en el último apoyo del cliente y en el prestigio de la marca, mostrando responsabilidad e interés en beneficiarse de una red de producción viable y seria.

Parece sencillo, sin embargo, la administración de acciones puede ser muy enrevesada debido a que incluye muchos factores y hacerlo, aunque sea un poco mal en cuanto a la administración de acciones, puede tener efectos negativos en la organización.

Vamos a ver los elementos que más impactan en la administración de acciones:

A. Solicitud

Lo ponemos en primer lugar ya que es la variable principal. El interés es el que debe controlar las existencias, ya que no puede haber peor situación que la de no tener la opción de satisfacer la necesidad de un cliente por falta de existencias. En este sentido, es crucial que las cifras de las operaciones sean lo más prácticas posible y, sobre todo, que se revisen de vez en cuando.

La forma de comportarse de los intereses, además, es un factor excepcionalmente contingente a la circunstancia específica de la organización, el clima macroeconómico y las particularidades de la zona. Una parte de las preguntas que queremos responder para coordinar la administración de existencias con la petición del cliente son: ¿está aumentando o disminuyendo el interés por nuestros artículos?

B. El nivel de asistencia

El nivel de asistencia se determina como la división entre la solicitud y los tratos. Preferiblemente queremos que esta proporción sea del 100%, por ejemplo, deberíamos tener la opción de satisfacer todas las necesidades. Para lograrlo no podemos tener ninguna ruptura de stock, que se estima como la división entre pedidos insatisfechos y pedidos absolutos. La elección del nivel de administración que debemos dar incluirá un tipo de administración de existencias u otro. En la práctica, es un verdadero reto alcanzar el 100% debido a los costes excesivos que ocasiona la organización, por lo que esta debe elegir qué nivel de administración puede alcanzar con sensatez y supervisar las existencias adecuadamente.

C. Los gastos

Tener mercancía inactiva supone un gasto financiero ineludible. Por ejemplo, el alquiler de un centro de distribución, sus cargas, las indemnizaciones y las jubilaciones administradas por el Gobierno para los trabajadores de los almacenes y, así, cualquier coste relacionado con su mantenimiento. Estos gastos también se incrementan si el stock requiere cualidades explícitas de capacidad, por ejemplo, estar a una temperatura específica para evitar que se estropee. Además, las mercancías almacenadas también dependen de la posibilidad de deterioro debido a condiciones meteorológicas adversas o incluso catástrofes. Para evitarlo, se recurre a la protección para cubrir estas posibilidades, lo que supone un gasto adicional.

Los costes están absolutamente en oposición al grado de administración, como vimos anteriormente, cuanto mayor es el grado de administración, mayor es el gasto, y la organización planea limitar sus costes para aumentar el beneficio. La estrategia de gastos afecta a la administración de las acciones.

Fig. 2. Existen numerosas estrategias que debemos tener en cuenta para llevar un registro correcto de todas las operaciones

2. Representación de costes

Desde el punto de vista de la contabilidad, los **costes de adquisición** son aquellos gastos que asume el comprador al hacerse con el producto demandado, es el precio al que le vende el producto el oferente, más los gastos de envío si son por cuenta del comprador.

La capacidad principal de este medio es completar ese gran número de ejercicios encaminados a proporcionar los materiales importantes para el ciclo de creación, elegir y regatear con los proveedores, mencionar los pedidos y obtener y controlar las solicitudes en cuanto a cantidad, tiempo y calidad.

Así pues, los costes de existencias serán todos y cada uno de los relacionados con estos ejercicios, por ejemplo:

- Coste de deterioro de todos los equipos y recursos fijos que posee una empresa (estructuras, hardware, hardware de PC, etc.).
- Todos los costes de personal, de aquellos especialistas que prestan sus servicios en esta división.
- Otros costes derivados de la división de compras (electricidad, agua, teléfono, web, alquiler, mantenimiento y limpieza, reparaciones, etc.).

Comparables a la distribución de estos gastos, aplicando la regla de causalidad, deben ser considerados como un valor más destacado de cuando las compras se hicieron en el ejercicio financiero, decidiendo así el gasto de sección en el almacén, llamado coste de adquisición de componentes no refinados.

3. Modelo de Wilson. Lote económico de pedido y coste total mínimo

Para evitar los problemas de existencias, el modelo de Wilson, o EOQ (cantidad económica de pedido), es una técnica numérica para calcular con qué frecuencia y en qué cantidad se debe hacer una demanda a un proveedor, garantizando así una gestión legítima de las existencias.

Aunque este modelo se relaciona con frecuencia con la adquisición de componentes sin refinar y la administración ideal de existencias, hay que tener en cuenta que la filosofía de Wilson puede aplicarse a una mercancía.

 **Saber más**

El modelo de Wilson fue una propuesta realizada en 1913 por el arquitecto estadounidense Portage Whitman Harris. No fue hasta después de 1934 cuando el asesor R.H. Wilson impulsó eficazmente la fórmula. En cualquier caso, ¿cómo podía determinarse? A partir del interés por un artículo, el gasto de presentar una solicitud y el gasto de capacidad podemos decidir el volumen ideal de solicitudes.

 **Cálculo**

Para realizar la fórmula del **Modelo Wilson**, la ecuación numérica es la siguiente:

- Q= volumen ideal de solicitud.
- D= interés anual por la sustancia no refinada a la que se hace referencia.
- K= coste de presentación de cada solicitud.
- G= coste de guardar una unidad en el centro de distribución en un tiempo determinado.

$$Q = \sqrt{\frac{2 \times K \times D}{G}}$$

Fig. 3. Fórmula modelo Wilson

La razón de ser de este modelo numérico es mejorar el volumen de compra de cualquier artículo necesario, determinando cuándo se debe hacer un pedido a un proveedor y en qué cantidad.

Con esta información podemos decidir igualmente el momento de pedido (presentar cada pedido), teniendo en cuenta el plazo de entrega y el stock de seguridad. No obstante, la técnica de Wilson tiene limitaciones específicas. Esta ordenación numérica solo es adecuada para organizaciones en las que se cumplan las dos premisas siguientes:

- Que la organización tenga un interés constante por los componentes no refinados a lo largo del tiempo.
- Que el artículo a ganar mantenga un coste fijo inmortal, sin vacilaciones significativas frecuentes en su coste.

Si, por ejemplo, el gasto de la sustancia sin refinar se desplaza como indica la irregularidad, esta ecuación numérica se vuelve ineficaz, ya que no tiene en cuenta esta variable.

Por lo tanto, esta estrategia solo es prudente para organizaciones específicas en las que la demanda y los gastos no experimentan grandes variaciones de forma frecuente.

Las **ventajas de la estrategia** son las siguientes:

- Se limitarán los costes de aseguramiento y almacenamiento.
- Evita la sobrecarga, al tiempo que garantiza que habrá existencias suficientes para satisfacer las necesidades de forma constante.
- Se sabrá la cantidad justa a obtener en cada pedido.
- Se evitará las roturas de stock.

Ejemplo

La organización OrchKork participa en el montaje y transporte de tapones de jarra para organizaciones vinícolas cercanas. Para satisfacer su creación anual de 10.000 unidades, la organización compra 1.000 kg de corteza de roble para tapones a lo largo del tiempo.

En el caso de que cada pedido cueste 200 euros, que además incorporan los costes de transporte, y el gasto de guardar el artículo no supere los 2.000 euros cada año, ¿cuál es el volumen ideal de pedidos?

Para esta situación, Q (la cantidad ideal de pedidos) se establecería a partir de la base cuadrada de la ecuación adjunta (2*200*1000/2000), cuyo resultado es 14,14.

OrchKork debe realizar pedidos anuales de 14 kg para disponer de la cantidad ideal de kilogramos de corteza de roble para suministrar tapón, evitando así tanto el exceso de existencias de la sustancia natural como la posible falta de existencias. Por lo tanto, la organización debe realizar 71 pedidos anuales de 14 kg para suministrar los 1.000 kg de corteza de roble.

En pocas palabras, aplicando el modelo de Wilson a la gestión de las existencias, la organización tendría la posibilidad de mejorar el aseguramiento de los pedidos y, en consecuencia, limitar la capacidad absoluta y los gastos de compra.

En cualquier caso, hay que tener en cuenta que este modelo solo es adecuado cuando la demanda y los costes son constantes a lo largo del tiempo. Para otras circunstancias especiales, el modelo carece de sentido y, a fin de cuentas, deberíamos depender de un almacén que programen los ejecutivos.

Fig. 4. Aplicando el modelo de Wilson a la gestión de las existencias, la organización tendría la posibilidad de mejorar el aseguramiento de los pedidos

4. Gestión de stocks con ruptura

Una **ruptura de existencias** se produce cuando la organización recibe una solicitud de un determinado artículo o sustancia natural por parte del cliente, pero no está disponible en ese momento en las cantidades y condiciones solicitadas.

Por lo tanto, la compra no se puede cumplir y este episodio produce resultados excepcionalmente adversos, ya que el acuerdo se pierde, pero además la imagen de la organización real se ve perjudicada ante el cliente.

A continuación, repasamos las ideas clave relacionadas con los desabastecimientos: cómo se determina el marcador, las causas y resultados de esta peculiaridad y las metodologías fundamentales a seguir para evitar que se produzcan.

A. Ruptura de existencias

Cada movimiento de administración de existencias depende de una sensible armonía entre el interés de los artículos y las existencias en el centro de distribución. La rotura de existencias se produce cuando se rompe este equilibrio.

B. Resultados de las rupturas de existencias

El resultado inmediato de las roturas de stock es un aumento de los costes de las operaciones coordinadas. El riesgo de ruptura de existencias es mayor en el entorno actual, ya que las organizaciones se enfrentan a la prueba de que cuantas más existencias haya, mayores serán los gastos relacionados con el almacenamiento de las operaciones planificadas, por lo que las organizaciones tienden en general a

Fig. 5. El cross-docking corresponde a un tipo de preparación de pedido sin colocación de mercancía en stock, ni operación de picking

restringirlas tanto como sea razonablemente previsible. Este pensamiento ha dado lugar a técnicas como el "sin un momento libre" o el "cross-docking".

De este modo, calcular cada una de las pérdidas que se derivan de esto es complejo. De este modo, la suma posterior será constantemente aproximada, ya que las variables emocionales se convierten posiblemente en el factor más importante a causa de la rotura de stock.

Desde otro punto de vista, existe la pérdida inequívoca del acuerdo concreto que no se puede cumplir (valor objetivo). Sin embargo, también hay que tener en cuenta otros puntos de vista, por ejemplo, la forma en que los clientes se han escapado a las organizaciones competidoras en busca del artículo buscado (valor emocional).

Además, existe un perjuicio para la imagen de marca que, en regiones como las estrategias empresariales basadas en la web, responde a una deficiencia de certidumbre y supone un serio freno para el interés futuro (valor emocional).

C. Motivos de las rupturas de existencias

Los motivos de las rupturas de existencias son variados y pueden situarse en distintos puntos de la red de producción. Los modelos incluyen los siguientes:

Una sorprendente expansión popular: un modelo extremadamente normal es el "juguete más querido" que se pone de moda cada Navidad. Como el plazo de creación y dispersión es más notable que el margen que dan las fechas, suele haber una ruptura de existencias manual.

Organización del interés desafortunado: la determinación de la demanda es una de las áreas más difíciles de las operaciones planificadas. Para calibrar el interés futuro, hay que examinar un amplio abanico de información, como el historial o la irregularidad de las operaciones y las fechas clave.

Error entre la información de existencias registrada y la realidad, debido a errores humanos en la fijación de artículos o la actualización de la información de existencias. Retrasos en el transporte: si los productos llegan al almacén más tarde de lo previsto, puede producirse un retraso en las fechas de entrega al cliente final.

Retrasos de los proveedores: si son fabricantes, la falta de un único tipo de sustancia natural puede retrasar toda una línea de presentación.

D. Técnicas de administración competentes para evitar la falta de existencias

En un clima de factores excepcionales, por ejemplo, el que contemplan las estrategias hoy en día, es importante intentar restringir los medidores populares de vulnerabilidad y cambiar la obtención tanto como se pueda esperar. De hecho, esta es una de las aplicaciones de la información con una estrategia de mayor adopción por las empresas.

Para lograr una conjetura de interés fuerte y, de alguna manera, prevenir la falta de existencias, es importante:

- Estar seguro de que en cualquier previsión se debe tener en cuenta un margen de maniobra.
- Distinguir el ciclo de existencia en el que se encuentran los artículos: lo más normal es que pasen por las fases de presentación en el mercado (rareza), desarrollo, evolución y declive.
- Esperar picos de movimiento en días clave y tener en cuenta la irregularidad de la zona.
- Calcular estimaciones para lapsos de tiempo lo más próximos posibles, ya que el futuro lejano es más cuestionable que el futuro no tan lejano. Trabajar con un plazo reducido ayuda mucho en este sentido.

E. Informatizar los procesos intralogísticos y disminuir la merma de mercancías

Cada stock depende de la merma, es decir, la pérdida de mercancía por desmoronamiento, capacidad desafortunada, cuidado de errores e incluso robo o hurto.

Fig. 6. Los trabajadores deben estar atentos para que las mermas no aceleren las roturas de stock

No obstante, es factible llevar a cabo medidas para disminuirlas en la medida de lo posible, por ejemplo:

- Establecer un acceso restringido al conjunto de datos de las existencias. Esto es sencillo con un SGA, como el SGA Simple de Mecalux, ya que es posible supervisar el acceso a la estructura por parte del grupo de trabajo y evitar controles no deseados.
- Informatiza el proceso de los pedidos y aleja situaciones que puedan perjudicar a los productos y al almacén.

Por consiguiente, controla la identificación de las referencias y el paso de la información en el marco. Por ejemplo, esto se consigue con componentes que garantizan la calidad inquebrantable de la información mostrada por el SGA.

Así pues, independientemente del proverbio que dice que "el stock más productivo es el que no tengo", el stock es un componente administrativo esencial para el buen funcionamiento de la red de tiendas.

Mantenerse alejado de las roturas de stock es, por tanto, un objetivo inequívoco para cualquier organización que necesite salvaguardar su beneficio. Los nuevos avances, como la programación de los ejecutivos de almacén y los sistemas robotizados, facilitan la consecución de este objetivo.

Fig. 7. Se debe informatizar el proceso de los pedidos para evitar situaciones que puedan perjudicar a los productos y al almacén

5. Función de coste para reaprovisionamiento uniforme

Este modelo depende de la razón, como en los demás modelos fundamentales de cantidad ideal de demanda, de que el interés, los plazos de suministro y los costes unitarios se conocen con convicción y de que la utilización de las cosas es uniforme al cabo de cierto tiempo. No obstante, admite la posibilidad de rotura de stock, que ocurre cuando no hay stock suficiente para satisfacer la necesidad, quedando una parte de ella insatisfecha.

Se pueden reconocer dos circunstancias de interés insatisfecho:

- **Interés insatisfecho concedido:** se produce cuando los pedidos de los clientes aparecen cuando no hay existencias, y serán atendidos cuando haya unidades en el centro de distribución. El gasto relacionado con este pedido se denomina coste de rotura (CR) y su evaluación es excepcionalmente complicada, ya que una parte de los elementos que componen este coste son realmente difíciles de calibrar, como la pérdida de imagen.
- **Pérdida de intereses no satisfechos:** se produce cuando se pierden de forma autoritaria los pedidos de los clientes fijados cuando no hay existencias en el centro de distribución.

En este modelo, se acepta que no hay interés insatisfecho perdido, sino que se concede todo interés insatisfecho, y este se cumplirá cuando haya stock en el centro de distribución, de forma que cuando se consiga el siguiente pedido se cumpla el interés insatisfecho del plazo pasado (DI).

Los **factores asociados a la decisión del volumen ideal de piezas o pedidos** en este enfoque son:

- D: interés anual del artículo o material, que es conocido y uniforme a largo plazo.
- P: coste de aseguramiento (unidad).
- PG o θ: el marco temporal ejecutivo, número de días en los que la organización es funcional.
- d: interés o ritmo diario de consumo de existencias.
- Q: volumen ideal de piezas o pedidos que limita los gastos completos (oscuridad de la cuestión).
- k: gastos fijos de cada pieza o pedido.
- g: gastos variables unitarios del centro de distribución, lo que cuesta tener una unidad de artículo o material almacenada durante el año.
- TS: tiempo de suministro, cantidad de días que tardan los proveedores en transportar el conjunto de pedidos.
- TR: tiempo de recarga, número de días que transcurren entre dos pedidos.
- φ o por otro lado Pp: punto de pedido, cantidad de artículo o material que hay en el centro de distribución en el momento de poner el pedido.

6. Incidencias en la gestión de stocks

Por muy bien que funcione la cadena de producción de su almacén, no está exenta de riesgos. Algunas organizaciones supervisan tareas en las que intervienen tal cantidad de variables que, en ocasiones, la cadena se desbarata. ¿Qué hacer cuando esto ocurre? Depende de cada caso, pero hay algunas reglas para supervisar episodios en la organización.

Fig. 8. Existen estrategias para gestionar un almacén y no tener los problemas típicos que pueden existir en las cadenas de producción

Hay muchos tipos de incidencias que pueden ocurrir, como, por ejemplo:

- Un proveedor no se hace cargo del material que se esperaba y no puede terminar los pedidos para sus clientes.
- En el caso de que se produzca un incendio o un derrame de agua en el centro de distribución y pierda existencias.
- Recibes un aluvión de pedidos y necesitas más producto (para esta situación hablaríamos de ruptura de stock).
- Ocurre un fallo informático y se pierden datos importantes por no tener un programa eficiente ante ciberataques.
- Una máquina se para debido al kilometraje, la ausencia de un plan de asistencia o el final de su vida útil, y se necesita detener o reducir la carga de trabajo.

La mayoría de los episodios se pueden intentar prevenir, pero, a veces influyen muchos factores que no tenemos al alcance de nuestras manos y es complicado. Otros son inmutables en lo que a la organización respecta. Por ejemplo, hablamos de una huelga de vehículos, una carencia de productos o suministros de materias primas mundial, un acontecimiento catastrófico o causas macroeconómicas.

Lo que sí se puede hacer, ocurra lo que ocurra, es establecer un marco de gestión de incidencias adecuado para resolver el episodio lo antes posible o, en todo caso, limitar los daños.

Importante

En el momento en que se produce una incidencia, es muy importante hacer un seguimiento para determinar las causas y estudiar las tareas internas, sobre todo si se repiten con cierta frecuencia.

Si es importante, deben establecerse nuevos métodos para evitar que se repita. ¿Cuáles son las causas más frecuentes de las incidencias?

- **Correspondencia desafortunada entre varios administradores:** o incluso, dentro de una organización similar, entre divisiones. Puede haber errores en la transmisión de datos importantes que provoquen pérdidas en la cadena de custodia de los productos.
- **Ciclos de despilfarro de productos:** una organización que trabaja con un plan de procesos no mejorado pierde efectivo, pero, por otro lado, se presenta a episodios consistentes en su actividad. Las que fomentan un mapa de procesos muy organizado dan un salto adelante en calidad.
- **Errores humanos:** sobre todo en almacenes que aún no han iniciado su ciclo de digitalización y controlan físicamente muchas tareas. En estos casos, las chapuzas por errores de un operario son sucesivas.
- **Ausencia de preparación:** en algunos casos, la desafortunada preparación de un administrador puede provocar episodios en el entorno laboral.
- **Activos deficientes:** por ejemplo, cuando el aparato sugerido no está libre para determinadas empresas. En estos casos, además de que se pierde eficiencia, se hace una situación propicia para la ocurrencia de episodios.

Como se puede prever, es extremadamente difícil dar una fórmula adecuada para tratar los episodios que pueden ocurrir en un almacén. No obstante, hay algunas reglas esenciales que pueden ayudar a resolver las circunstancias más reconocidas que se pueden experimentar.

Recuerde que el objetivo es limitar el efecto de lo ocurrido y continuar rápidamente con una ayuda de calidad.

Fig. 9. Es imposible evitar todas las incidencias en la cadena de producción

Las etapas fundamentales para evitar pérdidas en la cadena de producción son las siguientes:

- **Reconocimiento**: es fundamental disponer de un marco que permita informar rápidamente sobre el episodio. No hay tiempo que perder y lo ideal es responder enseguida.
- **Registro**: cualquier irregularidad en la actividad de la cadena debe ser registrada, con todas las informaciones significativas y de forma protocolizada. Es la mejor manera de garantizar un desarrollo adecuado.
- **Evaluación**: como hemos visto en los modelos referenciados anteriormente, existen muchos tipos de incidencias.
- **Objetivo**: es fundamental poner los medios para que todo se resuelva en el menor tiempo posible, para lo cual la organización debe contar con una convención fundamental para conocer el comportamiento adecuado en este tipo de circunstancias.
- **Seguimiento**: es esencial cerrar la incidencia una vez que se ha abordado, tras haber seguido todos y cada uno de los medios.
- Contar de antemano con un procedimiento muy organizado y dispuesto, que incluya las situaciones más reconocidas, puede evitarle perder tiempo y dinero improvisando disposiciones.

Resumen

En esta unidad hemos explicado los factores de aprovisionamiento, realizando una definición de lo que son, además de mencionar los tipos de estrategias que se hacen para el cálculo de los factores de aprovisionamiento, los tipos que existen y las ventajas que tiene realizar esta serie de cálculos.

Posteriormente, hemos analizado los factores que se tienen en cuenta en la gestión de stocks, cómo se calcula el stock mínimo de seguridad y cómo es la representación de costes.

Por otra parte, hemos visto en qué consiste el modelo Wilson: cuál es su definición, su función, su fórmula y los elementos que lo compone.

Finalmente, hemos explicado en qué consiste la gestión de stocks con ruptura y cómo prevenir la falta de existencias.

Glosario

Corrección

Modificación o cambio que se hace a obras compuestas o diferentes, para eliminar imperfecciones o errores, o para darles una impecabilidad más destacada.

Método

La estrategia es un enfoque coordinado y ordenado para lograr un objetivo específico. Suele aplicarse a diversas áreas de concentración como las ciencias innatas, las sociologías o las matemáticas.

Periodo medio de rotación

La proporción típica de rotación de existencias nos informa sobre el número típico de días en que se agotan y renuevan las existencias en almacén.

Producción

La creación es la acción financiera de cambiar contribuciones por rendimientos.

Producto

La conceptualización de artículos alude a un curso ordenado, lógico y deliberado de cambiar un pensamiento en un artículo.

Ejercicios de autoevaluación

1. ¿Cuáles es uno de los factores a tener en cuenta?

   a. El nivel de llamadas telefónicas.

   b. Las solicitudes.

   c. Las llamadas.

2. ¿Qué nos informa el periodo medio de rotación de existencias?

   a. El número típico de días en que se renuevan las existencias en almacén.

   b. El número típico de días en que se agotan las existencias en almacén.

   c. El número total de existencias en almacén.

3. ¿Cómo es la representación de costes?

   a. Los ingresos de una persona.

   b. El nivel de gastos anual.

   c. El objetivo es completar todos los ejercicios contables.

4. ¿Qué nos aporta la representación de costes?

   a. No tener perdidas.

   b. Aporta conocimiento a la empresa.

   c. Mirar todo lo que podemos comprar.

5. ¿Qué es el modelo Wilson?

   a. Un modelo que trata de evitar el problema de existencias.

   b. Un modelo para no tener perdidas de dinero.

   c. Un modelo para tener cuanto más personal mejor.

6. ¿Qué es la gestión de stocks?

   a. Obtener el mayor beneficio posible.

   b. Trata de evitar la ruptura de existencias.

   c. Intentar gestionar el almacén.

7. ¿Por qué es necesario el cálculo de la gestión de stocks?

   a. Para no tener perdidas.

   b. Para averiguar los resultados del ejercicio.

   c. Para ver los ingresos anuales.

8. ¿Qué es la función de coste?

   a. Los costes de la empresa.

   b. Los ingresos de la empresa.

   c. Intenta satisfacer la necesidad de la empresa.

9. ¿Qué uso tiene la función de coste?

   a. Es adoptada por numerosas organizaciones de reventa.

   b. Sirve para el cálculo de las existencias.

   c. A veces lo usa alguna empresa logística.

10.¿Cuáles son las incidencias en la gestión de stocks?

   a. Problemas con la empresa.

   b. Problemas con proveedores.

   c. Problemas con trabajadores.

U. A. 5. Sistemas de gestión de stocks

Introducción

En esta unidad, se va a explicar cómo realizar la programación en reaprovisionamiento instantáneo teniendo en cuenta los tres tipos de costes:

- Costes relacionados con los flujos.
- Costes relacionados con las existencias.
- Costes relacionados con los procesos.

Además, se va a explicar el reaprovisionamiento a nivel y punto de pedido, identificando los modelos de gestión de existencias deterministas o probabilistas.

Por otro lado, se profundiza en el sistema del lote económico de pedido, centrándonos en el modelo EOQ, el cual tiene limitaciones porque asume que el costo de la materia prima, la demanda que tiene la empresa y los costos de mantenimiento son conocidos y constantes.

Se van a explicar los valores a determinar para controlar los abastecimientos en un almacén y se van a dar las indicaciones más adecuadas para la ejecución coordinada de las operaciones en el almacén.

Finalmente, se explican los índices para el control de stock y la informática en la gestión de stocks.

Objetivos

- Realizar la programación en reaprovisionamiento instantáneo teniendo en cuenta los distintos tipos de costes.
- Conocer cómo funciona el sistema del lote económico de pedido y el sistema de reabastecimiento uniforme.
- Identificar los valores a determinar para controlar los abastecimientos de un almacén.
- Aprender cómo funcionan los índices para el control de los stocks.

1. Programación temporal en reaprovisionamiento instantáneo

La administración de existencias es una acción en la que coexisten tres tipos de costes:

- Costes relacionados con los flujos.
- Costes relacionados con las existencias.
- Costes relacionados con los procesos.

Este diseño se propone sin tener en cuenta los gastos anuales que se pueden llegar a producir, tal y como se ordena en las dos agrupaciones siguientes.

- Gastos de explotación.
- Gastos relacionados con la especulación.

Dentro del alcance de los flujos, será importante considerar los gastos de los flujos de stock (transportes), si bien en ocasiones serán para el proveedor (a cuenta de contratos CFR, CIF, CPT o CIP, entre otros) y en otros casos se recordarán por el coste de la mercancía comprada. Será importante considerar tanto los gastos de funcionamiento como los relacionados con el emprendimiento.

Fig. 1. La agrupación de los costes de producción puede es una tarea importante

Los gastos relacionados con los inventarios serían, entre otros, costos de capacidad, infortunios que pueden ocurrir y mercancía guardada que no está registrada en los inventarios, entre ellos tenemos igualmente los de rupturas de stock, por esta situación son de especial importancia los gastos que se producen con relación al stock de productos.

En el momento en que necesite conocer, en general, los gastos de inventarios, deberá considerar cada uno de ellos. Por otra parte, cuando se trata de determinar los costes con fines dinámicos (por ejemplo, para establecer el tamaño ideal de la solicitud), solo deben tenerse en cuenta los gastos evitables (que pueden diferir para cada situación considerada), ya que los gastos no evitables, por definición, quedarán fuera de cualquier elección que se tome.

La simple agrupación estratégica de gastos a la que nos hemos referido hasta ahora no es la más utilizada en "la llamada". Hemos hecho referencia proactiva en la sección anterior a ideas, por ejemplo, "coste de inicio de la solicitud" o "coste de obtención", que no aparecían entre las ideas a las que se hizo referencia en un principio.

La caracterización típica de los gastos utilizados por los directores de stock es la siguiente:

- Costes de capacidad, tenencia o mantenimiento de existencias.
- Costes de descarga del pedido.
- Costes de aseguramiento.
- Gastos de rotura de existencias.
- Gastos de capacidad.

Los gastos de almacenamiento, mantenimiento o tenencia de existencias incorporan todos los costes directamente relacionados con la responsabilidad de, por ejemplo:

- Gastos monetarios de existencias.
- Gastos del centro de distribución.
- Protección.
- Debilidades, infortunios y errores en el producto.

Dependen del movimiento de almacenamiento, independientemente de si lo supervisa la organización o de si los productos los almacena el proveedor o los posee el productor.

2. Reaprovisionamiento a nivel y punto de pedido

El **punto de pedido (ROP)** alude directamente al momento en que la organización debe reordenar las existencias de sus proveedores para evitar que se agoten.

Para coordinar el almacenamiento del centro de distribución, hay que responder a dos preguntas importantes: cuándo reordenar y la cantidad de cada artículo que hay que organizar.

Las respuestas cambian en función del modelo de gestión de existencias que apliquemos.

Los modelos de gestión de existencias deterministas o probabilistas son los siguientes:

A. Modelos de gestión de existencias deterministas o probabilistas

A la hora de gestionar las existencias de una organización, uno de los principales factores que determinan los cálculos es el interés y su inconstancia. Existen dos agrupaciones fundamentales:

Este sistema depende de que la demanda sea conocida y tenga una tasa de utilización constante y, por tanto, no sorprendente (cuando, por regla general, surgen ocasiones imprevistas que desvían su dirección). La demanda puede ser estática (estable a largo plazo) o dinámica (con picos y valles ocasionales).

El modelo ejemplar de Wilson, una de las principales técnicas de administración de valores, entraría en esta clasificación, dado que prevé un interés constante y unos costes fijos que apenas tienen en cuenta el volumen, se trata de un modelo totalmente determinista.

Fig. 2. El ensamblaje de todas las cadenas de la organización y los modelos de gestión de existencias permiten tener todo bien controlado

Se trata de los modelos de administración de valores más antiguos y menos difíciles de ejecutar, aunque son los más alejados de la complejidad del interés genuino.

B. Estrategias probabilísticas de administración de valores

Según estos modelos, no existe un valor cuidadoso o constante que caracterice la demanda, pero se pueden realizar cálculos y previsiones del interés utilizando trabajos de probabilidad que se desplazan a largo plazo.

Estas estimaciones están más cerca del mundo real, pero incluyen cálculos más complejos y, por lo tanto, a menudo se utilizan programas con experiencia en estrategias de cálculo de probabilidad. Esencialmente, las estrategias de probabilidad en vista de los problemas que ocurren pueden tener una forma de comportarse diferente al resto de métodos.

Los dos tipos de estimación de intereses, determinista o probabilista afectarán directamente al cálculo del punto de pedido.

La utilización del punto de pedido se orienta hacia la consecución de una armonía entre el gasto de poner recursos en la mercancía y el riesgo de ruptura de existencias. El punto de pedido puede reservarse de forma intermitente (en un día concreto de la semana, por ejemplo) o depender de un estudio complejo.

Esta última opción es la más elegida porque es más adaptable y tiene en cuenta la heterogeneidad de los artículos almacenados y la variabilidad de los intereses a largo plazo.

Para determinar el punto de pedido, hay que tener en cuenta los siguientes elementos:

- Los niveles de stock de seguridad previstos para no entrar en rotura de stock. Esto está relacionado con el grado de administración reconocido en la organización.
- El plazo de suministro de los proveedores: es el tiempo que tarda un proveedor en atender la solicitud y enviar los productos. También puede referirse al tiempo que se tarda en crear los productos. En el caso de que se establezcan pedidos con varios proveedores, será importante tener en cuenta el plazo de entrega en general y, sin duda, establecer unos focos de petición.
- La unidad de tiempo que se utiliza en estos métodos suele medirse en días. Como hemos visto más arriba, estas conjeturas pueden fundarse en técnicas deterministas o probabilistas, sea como fuere, en los dos casos, es significativo considerar el cálculo del punto de reorden.

La ecuación del punto de pedido sería:

Punto de pedido = stock de seguridad + (utilización normal x plazo de entrega)

Ejemplo

Una organización tiene un interés diario (de lunes a viernes) de 500 unidades y el plazo de entrega del proveedor es de 5 días. La carga de trabajo de esta referencia se fija en 100 unidades. El cálculo del punto de pedido sería:

Punto de pedido (PP) = 100 + (500 x 5) = 2.600 unidades.

Esto demuestra que la organización debería comprar nuevas existencias cuando en el centro de distribución se reduzcan a 2.600 unidades. Por lo tanto, el interés se cubrirá durante el tiempo que tarde el proveedor en entregar la nueva mercancía.

Los focos de pedido activan la estrategia de recarga de la organización. La coordinación entre las existencias disponibles en el centro de distribución, la solicitud y la recepción resultante de productos debe ser fluida, para evitar errores que comprometan el límite de capacidad y el interés monetario de las existencias.

A continuación, explicamos algunos de los métodos más interesantes que se pueden tener en cuenta:

- **Mantener una información sólida sobre las existencias**. Cada centro de distribución mantiene un registro mecanizado de existencias con información sobre la mercancía accesible. El ERP es normalmente el principal poseedor de estos datos, que son tratados por la otra región de operaciones planificadas de la organización.

  El centro de distribución debe entonces garantizar que la información reflejada sea precisa y de vanguardia para evitar que el punto de reorden se determine en base a datos erróneos que provoquen serias confusiones.

- **Vigilar el tiempo de espera**. Al presentarse en el punto de pedido, normalmente es importante esperar las mercancías que están por llegar, al tiempo que se procede el consumo de los productos en el almacén. El punto de pedido se imagina como uno solo para cada SKU.

Sin embargo, el cálculo puede ser confuso en el caso de que la organización aplique una estrategia multiproveedor, por ejemplo, se hacen pedidos a varios proveedores para renovar la carga de una SKU. Normalmente, esto busca mejorar la adquisición de nuevas existencias y los proveedores suelen manejar tiempos de transporte y costes diferentes debido a su zona.

En casos como este, es importante ampliar la estimación del punto de reorden y cambiarlo al interés, estableciendo unos focos de reorden, por ejemplo:

- El punto de pedido principal se enviaría al proveedor con un plazo de entrega más largo, pero con mejores costes (la disminución de costes suele ser la justificación de esta elección de proveedor).
- El siguiente punto de pedido se enviaría al proveedor con el plazo de entrega más limitado, para así tenerlo más controlado.
- Por otra parte, a la hora de fijar estos métodos de reorden, también hay que tener en cuenta los tiempos de trabajo previstos por el almacén para hacer frente a la recepción y recarga de nuevos productos.

3. Sistema del lote económico de pedido

Vocabulario

La **Cantidad Económica de Pedido, o EconomicOrderQuantity(EOQ)**, es un modelo ejemplar de cantidad de demanda fija, es decir, calcula la cantidad a comprar cuando las existencias descienden a un nivel predeterminado y así minimiza los costes de inventario totales. Muchas organizaciones utilizan el EOQ para elegir sus compras. En este punto estudiaremos los supuestos en los que se basa el EOQ para decidir si son legítimos en la realidad.

La ecuación EOQ procede de mediados del siglo XX y sus creadores son Harris (1913) y Wilson (1934). La razón de ser de este modelo es limitar los gastos de reordenación y los gastos de mantenimiento de inventarios. La marca base de la cantidad de las dos curvas decide la cantidad llamada "Parte Solicitante Monetaria" o "Parcela de Renovación Financiera".

El modelo EOQ tiene una serie de características:

- **La demanda es constante:** esto implica que los clientes suelen consumir y disponer de una cantidad similar una y otra vez. Puede que a veces no se conozca con suficiente seguridad la demanda prevista.

- **Lead Time es consistente**: el tiempo que discurre desde que se genera una orden de pedido a un proveedor hasta que se entrega la mercancía de ese proveedor al cliente (puede ser un particular o una tienda).

- **El gasto de reabastecimiento es constante**: esto supone que todos los pedidos son muy similares y homogéneos, que comprar a través de la web tiene un gasto similar al de comprar a un distribuidor o comprar a través de un ciclo de ofertas. Este coste era importante hace bastantes años. Imaginemos la región de compras de una enorme organización automovilística, hacia principios del siglo XX, con muchos compradores. El gasto de reordenación era elevado y debía tenerse en cuenta. Sin embargo, en el siglo XXI, una compra por Internet tiene un coste de cambio casi nulo.

- **El coste del artículo es constante**: suponiendo que haya variedades de coste, el gasto del artículo cambiará y el denominador de la situación se ajustará. Sin embargo, la enorme cuestión es computar el gasto absoluto del artículo posicionado en el almacén, incluyendo todas las cosas inmediatas y de ida y vuelta. Para ello se pueden utilizar estrategias como, por ejemplo, el cálculo de costes basado en acciones (ABC Costing).

Tiene limitaciones porque asume que el costo de la materia prima, la demanda que tiene la empresa y los costos de mantenimiento son conocidos y constantes.

No considera eventuales descuentos por volumen o tamaño de pedido. Dejando esta variable de lado, no se tiene en cuenta la posibilidad de aumentar la cantidad del pedido para aprovechar una reducción del precio. Tomando en cuenta sus rígidos supuestos, no es útil para empresas que tienen aumentos de demanda estacionales.

4. Sistema de reabastecimiento uniforme

El "Lead Time" o "Tiempo de ciclo", nacionalismo adoptado en el ámbito de la creación y las estrategias, es el tiempo que transcurre desde que se genera una orden de pedido a un proveedor hasta que se entrega la mercancía de ese proveedor al cliente.

Las diferentes disposiciones de existencias utilizan esta información para garantizar que los pedidos se realizan en el momento oportuno, ni antes de que se produzcan desbordamientos de los costes de mantenimiento en el centro de distribución, ni después de que se produzcan desabastecimientos.

Fig. 3. Los pedidos deben hacerse en el momento indicado ni antes de tiempo ni después cuando ya no se dispone de material

Anotación

Para intentar disminuir este tiempo es importante conocer los plazos en los que se separa, para cambiar con nuestros proveedores o dentro de nuestra empresa los que son concebibles (ya que este gran número de plazos son susceptibles de ser alterados) y acotarlos.

El estudio de existencias el tiempo que se invierte en consultar el stock del artículo o material para saber si es necesario hacer un pedido a nuestro proveedor.

Este tiempo puede fluctuar entre segundos, horas o incluso días, en función de si disponemos de marcos VMI o de algún marco de recarga o carga de seguridad de antelación programada o este sondeo es de modo manual/visual.

El tiempo que tarda la asociación compradora en presentar la solicitud de hecho. Esto incorpora las asignaciones acompañantes: alcanzar al proveedor, (discusión, si es esencial, arreglo de la documentación de la petición), combinación con diversos materiales que se comprarán y así sucesivamente.

El tiempo que tarda el proveedor en:

- Tramitar oficialmente la solicitud (mediante correo electrónico o solicitud en la oficina).
- Echar un vistazo realmente a las existencias (auténticas o virtuales) de ese artículo o material existentes o en poder de este cliente.
- Planificación de todo el envío de las cosas o materiales que componen el pedido (picking, prensado, enfardado, etc.).

El tiempo de transporte es el tiempo que se tarda en enviar el pedido desde el proveedor hasta nuestra organización.

Este tiempo dependerá de:

- El tiempo para apilar el artículo en el vehículo (este tiempo puede ser de minutos, pero también de horas).
- El método de transporte (no es algo muy similar apilar un camión que un barco).
- La distancia entre el proveedor y el cliente y, en caso de que haya aduanas y no compartan una región de intercambio típica, por ejemplo, la UE, todo esto puede provocar aplazamientos sorprendentes, etc.

La recepción e introducción en el PC es el tiempo que transcurre entre la aparición real del vehículo y la accesibilidad por parte del área o división mencionada de la compra o sustitución. Esto incorpora actividades, por ejemplo, descarga, evaluación y control de calidad (cantidad, agrupación y codificación), área en el almacén y proceso de inscripción en el marco de administración del centro de distribución (WMS).

El método más eficaz para reducir el plazo de entrega es el siguiente. Una vez descompuesto el Lead Time en los sub-lead times que lo componen, podemos averiguar cómo disminuirlo o, mejor dicho, dónde podemos recortar tiempo de este Lead Time.

Para ello, y aprovechando la forma en que desde ahora tenemos deteriorados los diferentes sub-lead times en el área pasada, mostraremos la importancia de recortar estos tiempos intermedios.

La disminución de este tiempo debería ser posible de tres maneras:

- Ejecutando marcos programados de control de existencias (de forma continua), por ejemplo, tipo VMI.
- Realizando stocks de seguridad para determinados materiales (los que son básicos), de forma que cuando baje el nivel de stock de alguno de estos materiales, el SGA avise al comprador o proveedor para que vuelva a realizar el pedido.
- Ampliando la cantidad de personal en el almacén que pueda hacer inventarios más regulares y con estos identificar la deficiencia de materiales específicos.

De estas tres formas diferentes, obviamente, la menos atractiva es la tercera, ya que puede ocurrir que la necesidad de un material específico exista antes de que se reconozca en el siguiente stock y esto puede causar una ruptura de stock.

5. Valores a determinar para controlar los abastecimientos en un almacén

Los indicadores de existencias son mediciones que permiten calcular y comprobar la eficacia de las actividades de las estrategias dentro de la oficina. También llamado indicador clave de desempeño (KPI), estos valores de presentación permiten distinguir las pruebas de las cualidades y deficiencias relacionadas con la administración de existencias.

Gracias a los marcadores de existencias, el administrador de operaciones coordinadas puede examinar la ejecución de los procesos, reconocer las puertas abiertas para el desarrollo y tomar decisiones a la vista de la eficacia real de cada región de la oficina.

Existen numerosos punteros de centros de distribución que investigan las operaciones planificadas en el tablero. Al elegir las mediciones que suelen ser definitivas para conocer la presentación de las actividades del centro de distribución, la planificación de pedidos y la expedición de mercancías, deben tenerse en cuenta factores como, por ejemplo, las cualidades del almacén, la superficie de la mercancía, el tipo de artículo o la carga unitaria que debe almacenarse, entre otros.

Estas son las indicaciones más adecuadas para la ejecución coordinada de las operaciones en el almacén:

A. Eficacia en la obtención de productos

Mide la eficacia del trabajo realizado en la zona de recogida del almacén. Esta medición es útil para evaluar la exposición de los marcos de transporte y capacidad, así como la competencia de los dispositivos de obtención y la preparación del administrador, entre otras cuestiones. Un aprovisionamiento equilibrado de mercancías reduce el riesgo de averías en las existencias y mejora las actividades, como el almacenamiento y la preparación de pedidos.

La fórmula para estimar la eficiencia en la obtención de productos es:

Productividad de la recogida = volumen de existencias recogidas/número total de horas de trabajo

Ejemplo

Por ejemplo, en el caso de que una organización obtenga 480 unidades de carga cada día y el centro de distribución trabaje en tres movimientos de trabajo, la eficacia de obtención sería:

480/24 h = 20 unidades de carga cada hora.

B. Habitabilidad del muelle de carga

Calcular el nivel de ocupación del muelle de carga durante las actividades de recepción, entrega o ambas. Un 100% de ocupación del muelle de carga podría demostrar al director de operaciones coordinadas la necesidad de ampliar el muelle del centro de distribución.

La fórmula para este método es:

Habitabilidad de muelles de carga = (muelles de carga utilizados/muelles de carga accesibles) x 100

 **Ejemplo**

Siguiendo con el caso anterior, si para conseguir las 480 unidades de carga diarias el almacén solo utiliza 5 de los 7 muelles de expedición accesibles, el nivel de ocupación del muelle de expedición es:

(5/7) x 100= 71% de ocupación de los muelles de expedición durante las operaciones de aprovisionamiento.

C. Índice de rotación de existencias

La fórmula del índice de rotación de existencias es la siguiente:

Coste de la mercancía vendida /valor normal de las existencias

Ejemplo

Por ejemplo, suponiendo que el gasto de los productos vendidos es de 720.000 euros y el valor normal de las existencias es de 120.000 euros, el índice de rotación de la organización será:

720,000/120,000 = 6. O, por otro lado, la organización restablece todo su stock, ya que 6 es el índice de rotación de stock posterior.

D. Tasa de ruptura de existencias

Indica el nivel de solicitudes que no se satisfacen porque no hay existencias suficientes para cubrir las necesidades. El administrador de factores coordinados debe garantizar que este valor sea lo más bajo posible para asegurar la entrega al cliente.

Tasa de falta de existencias = (número de solicitudes no satisfechas por falta de existencias/número absoluto de solicitudes) x 100

Ejemplo

En el caso de que el número típico de pedidos no satisfechos por falta de existencias sea de 60 cada mes sobre una suma de 450 pedidos cada mes, la tasa de ruptura de existencias será:

(60/450) x 100 = 13,33% de roturas de stock en el centro de distribución.

Fig. 4. Llevar unos buenos indicadores de los modelos de existencias nos permite controlar las posibles roturas de stocks

E. Precisión de picking

Este indicador del almacén se utiliza para calcular la eficacia de la actividad de preparación de pedidos. Una actividad de picking útil debe reflejar un valor matemático tan cercano al 100% como sea posible, lo que implica que los pedidos se despachan sin errores y en el menor tiempo posible.

Exactitud de picking = [(número total de pedidos – devoluciones de cosas erróneas) /número total de pedidos] x 100

Ejemplo

De este modo, en el caso de que una organización entregara 5.400 pedidos el año pasado y los clientes devolvieran solo 350, la precisión de picking sería:

[(5.400 – 350) /5.400] x 100 = 93,5% de precisión de picking.

F. Tasa de retraso en la compra

Marcador de ejecución que demuestra la cantidad de pedidos pendientes en su mayor parte debido a la ausencia de existencias del total de pedidos recibidos por un centro de distribución. Para tener un centro de distribución productivo, este KPI debe ser lo más cercano posible a 0.

Tasa de retrasos en las compras = (número de retrasos/pedidos absolutos) x 100

 Ejemplo

En el caso de que un centro de distribución no pueda preparar 30 de los 450 pedidos que recibe cada día por no disponer del stock importante para atenderlos, la tasa de retraso de compra diaria será:

(30/450) x 100 = 6,6% de tasa de compra con retraso.

G. Días disponibles

Representa el tiempo que las cosas permanecen en stock en la oficina. También llamado días de stock, este KPI muestra cuánto tiempo necesita la organización para recargar totalmente el stock del centro de distribución. Este marcador de presentación no muestra un valor objetivo, ya que el tipo de negocio, artículo u oficina decidirá realmente el número ideal de días. Hasta tal punto que, en un centro de distribución de productos de corta duración, el hecho de necesitar un número excesivo de días para renovar el stock puede ser un problema.

Días disponibles = valor normal del stock día a día / (valor de la mercancía vendida cada año/365 días)

Para abordar esta fórmula, primero es importante obtener el valor de las existencias cotidianas típicas, que se determina de la siguiente manera:

Valor de las existencias al principio del año + valor de las existencias al final del año / 2

Ejemplo

Debemos imaginarnos el modelo siguiente: una organización comienza el año con unas existencias de 100.000 euros y lo cierra con 140.000 euros de valor de existencias guardadas. Suponiendo que las mercancías vendidas durante todo el año sumen 720.000 euros, los tiempos de existencias son:

[(100.000 + 140.000) /2] / [(720.000/365)] = 60,8 tramos largos de stock es el tiempo típico que pasa el stock en el centro de distribución.

H. Coste por pedido

Determina el coste monetario de cada pedido para la organización, desde el momento en que el cliente compra el artículo hasta que se transporta. Esta información tiene en cuenta los costes de capacidad, los costes de organización de pedidos, los costes energéticos del centro de distribución, entre otros muchos.

Coste por solicitud = gastos totales del centro de distribución/número total de solicitudes

transportadas

Ejemplo

Supongamos que una empresa tiene varios gastos relacionados con el almacenamiento, la gestión de artículos y la recepción de pedidos que ascienden a 150.000 euros al año. Si durante ese tiempo la organización ha enviado 5.400 pedidos, el gasto por pedido es de:

150.000/5.400 = 27,7 euros de coste por cada pedido.

I. Tasa de transporte completo y tiempo

Nivel de pedidos que se transportan terminados y dentro del plazo de transporte acordado con el cliente. El supervisor debe diseñar la técnica para que esta cifra sea básicamente tan alta como sea concebible para garantizar una administración decente de las estrategias.

Tasa de transporte puntual y completo = (número de solicitudes transportadas a
tiempo/número total de solicitudes enviadas) x 100

Ejemplo

En el supuesto de que de los 5.400 pedidos que una organización finalizó el año pasado, 4.674 se transportaron de forma suficiente – tanto en estructura como a tiempo – el nivel de envíos finalizados es:

(4.674/5.400) x 100 = tasa de transporte completo y puntual del 86%

Cada vez resulta más difícil cuantificar y examinar físicamente los indicadores de almacén. En cualquier caso, la digitalización de la red de producción ofrece una oportunidad a los administradores de estrategias.

6. Representación gráfica del aprovisionamiento

La gestión de stock es una técnica que incluye el siguiente protocolo:

- Análisis del volumen de existencias del periodo anterior. Durante esta etapa, se determina el volumen de suministro realmente necesario. Además, se determina la capacidad de su utilización.
- Los determinan los objetivos para el uso de las reservas. Por ejemplo, puede ser la provisión máxima de producción en este momento, el establecimiento del tamaño de la oferta en el período estacional.
- Optimización de la cantidad de reservas para la producción principal. Se determina la magnitud que realmente se necesita.

Fig. 5. Llevar una buena optimización de los niveles de carga es importante para la empresa

Suponiendo que la mejora se ejecuta erróneamente, puede traer estos puntos negativos:

- Ausencia de fondos para respaldar la producción que está en circulación.
- Perturbación del funcionamiento normal del centro de distribución.
- Reclamaciones de clientes y compradores.
- Expiración de la vida útil de los artículos.

Estas normas deben orientar en el establecimiento del volumen óptimo:

- La estrategia de precios del fabricante.
- Especificidades de la adquisición y la oferta de artículos.
- Factores externos. Y, sobre todo, la rivalidad.

No se debe permitir el exceso de existencias. Esto puede provocar los siguientes resultados adversos:

- Ampliación de los costes de almacenamiento.
- Aumento excesivo del impuesto de la propiedad.
- Peligro de no obtener ingresos de los artículos sobrantes.
- Expirar la vida útil.

La insuficiencia de producción, por lo tanto, provoca estos resultados:

- Suspensión del proceso producción.
- Disminución del tamaño de las ventas.
- La necesidad de comprar materias primas adicionales en circunstancias desfavorables.

La mejora incluye el análisis de datos, la técnica comprende los siguientes pasos:

- **Análisis demanda real**. En el caso de que los compradores adquieran 50 unidades de un artículo en una tienda, no tiene sentido comprar 200 unidades. De ahí que sea importante calcular con precisión el grado de interés actual por los artículos. A partir del examen realizado, la organización querrá comprar realmente el número de existencias que realmente sea capaz de vender.

- **Cálculo de stocks de seguridad**. Para el stock es importante considerar cada una de las variables que influyen en las ventas. Por ejemplo, puede muy bien ser interés, el comportamiento del comprador.

Ejemplo

Por ejemplo, los clientes compran normalmente 1000 unidades de artículos al mes, sin embargo, en principio el interés puede llegar a 1, 200 unidades. El stock de seguridad óptimo sería de 200 unidades. El cálculo puede realizarse teniendo en cuenta los siguientes procedimientos: aumentar los beneficios, reducir el volumen de compras, disminuir los costes de capacidad y abordar los problemas de los compradores.

- **Análisis de superávit y déficit**. Este sistema establece la situación vigente. Por ejemplo, los delegados de una organización pueden cometer un error concreto: comprar cantidades excesivas de artículos. El examen garantizará la disminución de los peligros probables.

- **Optimización de la línea de productos**. Se distinguen las mercancías con interés peligroso o estable dependiendo.

- **Informes de gestión.** Todos los datos se transmiten a los directivos en forma de informe. El descubrimiento temprano de patrones negativos permite equilibrar la producción, manteniéndose alejado de pérdidas significativas rápidamente.

La administración de las existencias se realiza a la luz de la información recabada.

7. Índices para el control de los stocks

Un KPI de existencias es un indicador de presentación situado a la administración de las existencias en el centro de distribución. Las oficinas que distinguen estas mediciones pueden garantizar un control productivo de las existencias y de las mercancías próximas y activas.

En la administración de existencias, un indicador clave de desempeño (KPI) es una métrica que ayuda a comprobar las existencias, los artículos próximos y activos y la accesibilidad de las existencias. Estos datos contribuyen a la toma de decisiones para seguir desarrollando la organización coordinada de los productos y el control de las existencias con vistas a la ejecución real del centro de distribución. La comprobación correcta de estos indicadores permite aumentar la eficacia y la productividad de la oficina.

Los indicadores clave de rendimiento son diez indicadores para evaluar la accesibilidad de las existencias:

A. Stock normal

El stock normal es el volumen típico de stock que se almacena en la oficina durante un periodo de tiempo determinado, generalmente un año.

Esta medida permite al director de operaciones disponer de datos objetivos sobre la medida normal de existencias almacenadas en la oficina durante el periodo elegido.

Stock normal = (stock de apertura + stock de cierre) / 2

B. Stock ideal

El stock ideal es la medida específica de stock que necesita un centro de distribución para satisfacer el interés actual sin que se produzcan rupturas de stock, es decir, sin tener la opción de entregar el pedido por falta de stock. Este KPI permite al administrador del centro de distribución conocer el volumen de stock ideal para obtener la máxima productividad y limitar los costes de almacenamiento.

Stock ideal = cantidad de pedido ideal + stock mínimo + stock de seguridad

C. Mermas de stock

La merma de stock muestra el contraste entre el stock mantenido en el programa de stock y el stock real disponible en el centro de distribución. Esta disparidad puede deberse, entre otras razones, a errores puntuales en el inventario, a fallos funcionales o de gestión o a la presencia de artículos dañados.

Merma de stock = (stock que debería haber – stock que realmente hay) / stock que debería haber

D. Pérdida normal de existencias

Este KPI de existencias muestra las existencias que se pierden o caducan en el centro de distribución durante un periodo determinado, normalmente un año. Las pérdidas de existencias pueden deberse a varios motivos, como robos, desintegración de productos o actividades autorizadas incorrectas. Este valor demuestra al supervisor cómo se debe el stock, la productividad de los administradores o las condiciones de almacenamiento en la oficina, entre otras cuestiones.

Pérdida de existencias = (cantidad no suministrada/cantidad solicitada) x 100

E. Largos periodos de stock

Los días de stock son el tiempo que los artículos permanecen fuera hasta que son transportados. Este cómputo, que permite desglosar los gastos de capacidad de cada cosa, afecta directamente a la liquidez de la organización: cuanto menos tiempo permanezcan las piezas de stock en el centro de distribución, menor será el coste de capacidad y, por tanto, mayor el beneficio.

Días de existencias = valor normal de las existencias diarias/ (valor de la mercancía vendida cada año/365)

F. Índice de rotación de existencias

La rotación de existencias, o rotación de stock, es un indicador que mide la velocidad con la que se renuevan las existencias en un plazo determinado. Al fin y al cabo, muestra la frecuencia con la que una cosa ha pasado por todo el proceso empresarial, por ejemplo, el trato, el transporte y el surtido del pedido. Este indicador ayuda al director de operaciones a repartir cada referencia en una especie de pivote, como indica la técnica ABC, donde A es la letra más importante y C la menos importante.

Este dato trabaja con una ordenación más adecuada de los artículos dentro del almacén según indique su grado de interés.

Índice de rotación de existencias = valor financiero de las referencias vendidas/valor normal de las existencias

Fig. 6. Una buena organización dentro de la empresa permite llevar unos procesos de cálculo de existencias de forma aceptable

G. Tasa de devolución de existencias

La tasa de retorno de existencias es un indicador que comunica el nivel de solicitudes que vuelven a visitar la oficina tras ser vendidas, debido a un error en el transporte o en el proceso de planificación de la solicitud, entre otros motivos. Dar la vuelta a las operaciones planificadas es uno de los retos actuales más importantes de las estrategias, sobre todo debido a la normalización de las devoluciones gratuitas en los negocios en línea.

Un índice de rendimiento excepcional infiere una solicitud desafortunada al consejo y, de este modo, un coste de operaciones desbordado que puede perjudicar la seriedad de la organización.

Tasa de devolución de existencias (%) = (número de cosas devueltas/número de cosas vendidas) x 100

H. Tasa de venta directa (STR)

También llamada tasa de venta directa, Sales ThroughRate (STR), esta medida comunica el nivel de existencias vendidas en contraste con la cantidad de existencias obtenidas del fabricante o proveedor. Este KPI de existencias, especialmente básico en un centro de distribución de comercio electrónico debido a la naturaleza excepcionalmente despiadada del negocio y a sus escasos ingresos netos, suele determinarse cada mes y ayuda a reconocer patrones de interés o cambios en la rotación de artículos.

Tasa de transacciones (%) = (cantidad de existencias vendidas/cantidad de existencias obtenidas) x 100

I. Tasa de retraso en las compras

La tasa de retraso en la compra es el volumen de pedidos que están a punto de ser enviados porque el centro de distribución no dispone realmente del artículo. Si el índice de retraso en la compra es elevado, puede indicar que el sistema de gestión de existencias no es satisfactorio. En cualquier caso, hay empresas online que han puesto en marcha la compra diferida, una estrategia de gestión de existencias que garantiza la compra antes de que el producto esté disponible en el centro de distribución.

Tasa de compras diferidas (%) = (número de compras diferidas/número de pedidos completos) x 100

J. Nivel de administración

El nivel de ayuda es un indicador que muestra la probabilidad de que se disponga del stock adecuado para satisfacer la necesidad de un artículo.

Un índice de nivel de ayuda elevado sugiere que la organización puede suministrar prácticamente todo el interés creado por un artículo determinado.

Nivel de administración = [(Nº de cosas vendidas y servidas) / (Nº de cosas vendidas y servidas + Nº de cosas vendidas, pero no servidas)] x 100

8. La informática en la gestión de stocks

La empresa y los miembros que componen el almacén son fundamentales para lograr la actividad correcta y el avance del movimiento empresarial. Hoy en día, cualquier organización intenta ofrecer una ayuda rápida y de calidad con el gasto más reducido posible. Para lograrlo, es fundamental una administración de existencias ideal.

Ocurrencias como, por ejemplo, la rotura de existencias o un despiste en el envío de un pedido pueden provocar el cierre de una operación. Esta multitud de problemas surgen en la región de operaciones de una asociación, que asume un papel crucial a la hora de garantizar que los artículos lleguen al cliente de forma suficiente.

Gracias a la innovación, la administración de existencias puede ser mucho menos difícil. Hoy en día existen dispositivos que proporcionan una amplia gama de datos relacionados con las existencias y ayudan a las organizaciones a tomar decisiones vitales y funcionales con una mayor agilidad y adaptabilidad.

Los motivos por los que necesita un marco de administración de centros de distribución y control de existencias más eficaz:

- **Fondos de reserva de costes**. Mantener la accesibilidad a las existencias supone varios gastos para las organizaciones. Su administración y asociación ayuda a calcular los gastos relacionados y permite tomar decisiones esenciales más potentes, ya que gracias a los dispositivos WMS es posible supervisar y agrupar los datos pertinentes sobre las existencias, trabajar en su asociación y disminuir los tiempos de embarque, lo que se traduce en una disminución de los gastos de trabajo.

- **Ayuda más desarrollada**. Un centro de distribución coordinado y controlado permite a los trabajadores encontrar los artículos rápidamente y disminuir los errores en la administración. Esto garantizará que los pedidos lleguen a su destino de forma rápida y eficaz, y ayudará a la organización a ser más competitiva y a aumentar las ventas a medio plazo.

- **Fondos de reserva de tiempo en la administración**. El despilfarro de tiempo en el almacén por parte del personal puede convertirse en una empresa complicada, debido al enorme número de gestiones relacionadas, que exigen mucha inversión en la organización. No obstante, una administración eficaz y coordinada puede disminuir significativamente la responsabilidad.

- **Mantenerse alejado de los clientes problemáticos**. Mantener un control decente del stock ayudará a tener continuamente los artículos en stock y de esta manera tener la opción de satisfacer las necesidades de sus clientes, evitando retrasos en los transportes debido a la ausencia de stock. Recuerde que es normal perder negocios y clientes por falta de stock.

- **Expansión de los negocios**. Una administración decente ayudará, no exclusivamente a tener un control de la acción, sino también a tener una acción refrescada y avanzada, para operar con las mejores opciones.

- **Recarga de productos con agilidad**. Como seguramente sabrá, la renovación de los artículos no es rápida, sino que puede requerir un par de días. Con el control de existencias, los pedidos tendrán continuamente la oportunidad de aparecer antes de que el centro de distribución se quede sin existencias de un artículo concreto.

- **Limitar los robos o las mermas**. Mediante el control de existencias, es posible trabajar en la gestión de la cadena de aprovisionamiento y el reconocimiento de los artículos. Gracias a un control más exhaustivo, es posible reconocer las causas de las mermas y, de este modo, realizar mejoras para aumentar la eficacia de los procesos de seguridad.

Los consejos para la interacción de existencias son los siguientes:

- **Tener un procedimiento jerárquico**. Debe establecer una progresión de sistemas que le permitan coordinar el trabajo (solicitud de artículos, solicitud de la pizarra, transporte de existencias, etc.) y quién será responsable de cada tarea. Cada representante debe saber exactamente en qué consiste su trabajo para ser todo lo útil que cabe esperar.

- **Tener en cuenta las ocasiones imprevistas y las fechas extraordinarias**. Prever el interés por el artículo es significativo. Habrá temporadas seguras en las que el stock del centro de distribución se ajustará. En ocasiones, estas variedades serán razonables, por ejemplo, en los meses próximos a Navidad. No obstante, habrá circunstancias inesperadas que pueden afectar a la cantidad de existencias. Mantenerse al día puede ayudar a prevenir estas circunstancias y gestionarlas de la forma más idónea.

- **Reconocer los artículos con precisión**. Una prueba de distinción correcta es fundamental para limitar los errores (pedidos perdidos, pedidos dañados, pedidos con ubicaciones erróneas, etc.) en el centro de distribución. Además, es fundamental que cada tipo de artículo esté situado en su posición en el almacén, en función de las medidas de almacenamiento que mejor convengan a la organización (según la solicitud de paso, de salida, etc.). En este sentido, se trabaja con la ayuda de todo el grupo.

- **Control de calidad**. Independientemente del tipo de artículos o servicios que se vendan, suele ser conveniente mantener un control de calidad. Esto ayuda a controlar las existencias, garantizando que solo se dispone de los mejores artículos y, en consecuencia, intentando no tener artículos defectuosos.

Resumen

En esta unidad hemos visto qué son los sistemas de gestión de stocks. Posteriormente, hemos explicado la programación temporal en reaprovisionamiento instantáneo viendo los principales costes que influyen. Además, veremos las principales técnicas que se aplican, como son la técnica FIFO, la técnica LIFO, el modelo Wilson o EOQ o la técnica de administración de existencias ABC.

Por otro lado, hemos visto en qué consiste el reaprovisionamiento a nivel y punto de pedido, qué modelos de gestión existen y qué tipos de técnicas en cuanto a estrategia se aplican que es el sistema del lote económico de pedido y el sistema de reabastecimiento uniforme.

Finalmente, hemos conocido sistema del lote económico de pedido, el sistema de reabastecimiento uniforme y los valores a determinar para controlar los abastecimientos en un almacén.

Glosario

Coste total

Alude a los gastos completos de una organización.

Documento

Se registra en la que información fiable o que puede utilizarse como tal para demostrar algo.

Lote económico

es un modelo ejemplar de cantidad fija de pedido, por ejemplo, calcula la cantidad a comprar cuando las existencias caen a un nivel predeterminado. Muchas organizaciones utilizan el EOQ para buscar opciones de compra.

Representación

Imagen o pensamiento que sustituye a la realidad.

Valoración

Un examen, por regla general, consiste en evaluar o estimar el valor o la valía de una cosa o de un individuo.

Ejercicios de autoevaluación

1. ¿Qué es la programación temporal?

    a. Administración existencias.

    b. Control deudas.

    c. Control de ventas.

2. ¿Qué es el sistema del lote económico?

    a. Un modelo de gestión.

    b. Un modelo que calcula la cantidad de demanda.

    c. Un modelo de ventas.

3. ¿Qué es el sistema de reabastecimiento uniforme?

    a. Los ingresos de una persona.

    b. Calcula las ventas de una empresa.

    c. Calcula la necesidad de organización de la empresa.

4. ¿Qué valores de determinan?

    a. Es adoptada por numerosas organizaciones de reventa.

    b. Eficacia en la obtención de productos.

    c. Un método para tratar de vender más productos.

5. ¿Qué modelos de gestión existen en el reaprovisionamiento a nivel y punto de pedido?

    a. Modelo XYZ.

    b. Modelo Wilson o EOQ.

    c. Modelo ABC.

6. ¿Qué es la representación gráfica?

a. Representa las deudas de una persona.

b. Representa el ciclo de aprovisionamiento.

c. Representa el nivel de ventas.

7. ¿Cuáles son los índices de aprovisionamiento?

a. Stock directo.

b. Stock normal.

c. Stock perfecto.

8. ¿Qué técnica se aplica en la programación temporal en reaprovisionamiento instantáneo?

a. Técnica PIFO.

b. Técnica LIFO.

c. Técnica FIFO.

9. ¿Qué significa la informática en la gestión de stocks?

a. Es adoptada por numerosas organizaciones de reventa.

b. Control informático del stock.

c. Es adoptada por numerosas organizaciones de compra.

10.¿Por qué es importante la informática en la gestión de stocks?

a. Se ve cómo influye la variación de existencias.

b. Se ven las pérdidas de dinero.

c. Ver cuando comprar productos a precios bajos.

U. A. 6. Gestión informatizada

Introducción

La gestión laboral informatizada permite automatizar y realizar telemáticamente cualquier tarea derivada de la relación entre la empresa y sus trabajadores, como puedan ser la contratación, las nóminas, las cotizaciones o las comunicaciones formales.

Los beneficios de la gestión informatizada son:

- Menor gasto de personal, ya que no es necesario disponer de un empleado que se dedique a la realización presencial de gestiones y trámites administrativos.
- Los datos de nóminas y cotizaciones son compartidos automáticamente son la Seguridad Social, evitando las tareas relativas a la comunicación de los mismos.

Además, se tiene un ahorro en material de oficina, olvidándote de las carpetas, del papel, del tóner y de los obsoletos archivadores. Se tiene comodidad e inmediatez ya que cualquier trámite se realiza de forma sencilla e instantánea, sin esperas ni papeleo.

Objetivos

- Identificar las obligaciones contables.
- Conocer cómo se realiza la planificación y cuál es el funcionamiento de la informática de gestión.

1. Necesidad de la gestión

La **gestión laboral informatizada** permite robotizar y realizar telemáticamente cualquier gestión derivada de la conexión entre la organización y sus trabajadores, por ejemplo, la contratación, las nóminas, las cotizaciones o la comunicación formal. Por otra parte, este marco electrónico permite la ejecución telemática de cualquier técnica relacionada con la Tesorería General de la Seguridad Social, incluyendo altas, bajas, partes de baja, consultas vinculantes y el pago de cuotas.

Para llevar a cabo este marco en su organización, solo necesita tres cosas: un ordenador, la programación adecuada y una persona con información sobre el trabajo de gestión laboral.

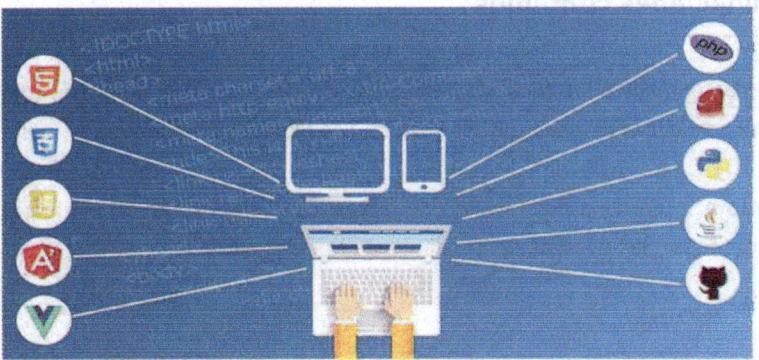

Fig. 1. La implantación del software dentro de la empresa es el primer paso que se debe de dar para un buen funcionamiento

El primer paso consiste en inscribir a la organización en el sistema RED (Remisión Electrónica de Documentos) de la jubilación gestionada por la Seguridad Social, a lo que se accede a través de un certificado electrónico facilitado por el mismo organismo.

Después de la inscripción, la propia jubilación gestionada por la Seguridad Social ofrece un programa llamado SILTRA. Este programa permite el intercambio electrónico de datos entre la empresa y la Tesorería General de la Seguridad Social.

Por último, necesitará un programa para realizar tareas relacionadas con las finanzas. Existen muchas herramientas para realizar tareas, aunque el más popular y utilizado es **Sage 50**.

Las ventajas de la gestión laboral informatizada son las siguientes:

- **Costes de mano de obra más bajos**: no es necesario tener un empleado para completar la metodología de gestión y las tareas relativas a la comunicación.
- **Ahorro en material de oficina**: prescinde de sobres, papel, tóner y organizadores de archivos antiguos.
- **Comodidad e inmediatez**: cualquier estrategia se completa justa y enseguida, sin esperas ni papeleo.

2. Obligaciones contables

Llevar una contabilidad organizada, adecuada a la acción de la empresa, que permita el control secuencial de cada una de sus actividades: compras, negocios, costes...

En cuanto a la persona responsable de llevar los registros, estos serán gestionados directamente por las personas autorizadas de la empresa.

 **Importante**

El contable o empleado experto de una organización es responsable de seguir y ajustar los requisitos previos del Plan general contable (PGC) para ofrecer una perspectiva válida y justa de la circunstancia empresarial.

Las PYME pueden optar por una versión abreviada del PGC, mientras que otras deben elegir la variante "ordinaria".

En el caso de que sea una empresa y se imagine que no puede estar al tanto de sus compromisos contables, es conveniente ponerse en contacto con asesores contables para que le ayuden con sus obligaciones.

Todas las organizaciones están obligadas a seguir llevando libros contables, los más importantes son el libro diario y el libro inventario y cuentas anuales.

A. Libro diario

Registra paso a paso cada una de las tareas relacionadas con la actividad de la organización. Se trata de un libro en el que se anotan de forma coherente las medidas de la multitud de tareas que realiza una organización, de forma que el movimiento empresarial se registra secuencialmente a través de las secciones contables a medida que se realizan en el transcurso del día.

Para que no pierdas detalle del día a día de tu organización, es vital que tu asesor te ofrezca una herramienta donde puedas visualizar los resúmenes presupuestarios de tu organización.

Fig. 2. Es importante llevar un registro contabilizado de todas las operaciones que se dan dentro de la empresa

B. Libro de inventario y cuentas anuales

Por otra parte, el libro de inventario y cuentas anuales es un archivo contable compuesto por los informes adjuntos:

- Balance inicial detallado de la organización.
- Balances de sumas y saldos de comprobación con una periodicidad trimestral como máximo.
- Inventario de cierre de ejercicio.
- Un ejemplar de las cuentas anuales.

Se elaboran el último día del ejercicio económico de la organización en función de ese periodo.

 Anotación

El inventario es un registro detallado de los recursos de la organización.

Las cuentas anuales, que por tanto comprenden informes contables adicionales, se componen de:

- **El balance de situación**: comprende los activos, pasivos y patrimonio neto de la organización.
- **La cuenta de pérdidas y ganancias**: los ingresos y gastos de la organización durante el año.
- **El estado de cambios en el patrimonio neto (ECPN)**: muestra las progresiones de valor, las variedades de los distintos recursos y pasivos y las razones de estas variedades.
- **El estado de flujos de efectivo**: proporciona detalles sobre el inicio y la utilización de los recursos relacionados con los activos monetarios.
- **Memoria**: es el archivo que completa y desarrolla los datos contenidos en los diferentes informes que componen los registros anuales.

El libro de inventarios y cuentas anuales se abre con el balance inicial y, con periodicidad trimestral, se transcriben en él los balances de sumas y saldos.

3. Planificación

La **contabilidad** es la acción de obtener datos sobre las tareas monetarias de la organización. Estos datos, para ser útiles, deben ser fiables, consecuentes y metódicos; deben estar preparados por expertos contables experimentados.

La justificación para establecer este tipo de estudio es aportar datos a la preparación y planificación de sistemas, tanto financieros como contables, así como anticiparse a las circunstancias que ocurrirán en el futuro antes de que sucedan. Proporciona a la alta dirección de la organización un gran instrumento para la gestión de los asuntos empresariales.

La gestión contable se realiza en tres fases.

- **Primera fase: registro de la actividad económica.** De hecho, este es el tipo de cosas que estamos haciendo ahora en nuestra contabilidad monetaria: estar al día de los últimos datos sobre todos los intercambios con valor financiero de la empresa: compras, ventas, salarios, pagos, cobros, operaciones financieras, etc.

- **Segunda etapa: clasificar la información.** Con los datos proporcionados por el registro del punto anterior, la etapa siguiente consiste en ordenarlos y agruparlos con información específica, contrastada y relacionada entre sí; debemos caracterizar cuáles son los segmentos con los que vamos a trabajar: gastos e ingresos, pagos y cobros, proveedores y clientes, gastos y costes, tipos de artículos, etcétera.

Estos datos manejados suelen ser muy amplios y, para tener la opción de trabajar con ellos, será importante este orden y clasificación.

Es importante no olvidar que el motivo es adquirir información que nos ayude a elegir de la manera más adecuada; esta debe ser la base del plan.

- **Tercer paso: resumen de la información.** El último paso es la elaboración de un informe que resuma los resultados obtenidos en los dos pasos anteriores de forma comprensible y lo más exacta y definitiva posible. Para ello, resumiremos la información utilizando modelos, gráficos o tablas. El destinatario de este informe es la administración de la empresa, que lo incorporará en su toma de decisiones y diseño de estrategias.

Con estos datos tenemos un control más prominente del negocio y de los factores reales monetarios de la organización para utilizar los activos financieros accesibles a ella y para ampliar la eficacia de estos activos.

En un sentido más concreto, logramos:

- Prever los ingresos tanto en efectivo como en recursos que, en conjunto, constituyen el patrimonio de la organización.
- Apoyar a la administración de la organización con datos que serán esenciales en su actividad, organización y toma de decisiones estratégicas.
- Utilizarla en las decisiones relacionadas con inversiones financieras y la utilización de capital externo, además de proporcionarnos un gran control sobre las tareas financieras de la organización y sus resultados.
- Ayudar, junto con otros parámetros como el mercado, a fijar los costes de nuestros artículos.

4. Dificultades: tiempo/trabajo

Los problemas de gestión tienen que ver con información incompleta, malos procedimientos o ausencia de ellos, inasistencia o falta de sistemas de control de calidad, pueden ocurrir en todas las divisiones y no se puede dejar que funcionen independientemente.

Fig. 3. Existen muchas dificultades para poder compaginar el tiempo con la carga de trabajo

Pueden ocurrir en todos los departamentos y no se puede dejar que trabajen de forma independiente. ¿Por qué razón? Porque una incidencia que ocurra debido a una mala práctica en la división de informática tendrá consecuencias en el desarrollo del trabajo de los demás, y puede tratar de influir en las ventas.

Una mala práctica en la gestión de la contabilidad puede provocar sanciones económicas por parte del Ministerio de Hacienda y Función Pública, que luego afectarían a los costes de la organización.

La mayoría de las organizaciones cometen algún tipo de error del que ni siquiera son conscientes. Gestionar una organización de forma competente es un proceso continuo, en el que los pequeños fallos que se reconocen se abordan para agilizar los procesos y ampliar la retribución.

Anotación

Los procesos no pueden avanzar si no empezamos por reconocer los problemas. Esto realmente significa que debe haber una progresión decente de comunicación entre departamentos y empleados en la organización, de modo que cuantos más datos y mejor manejados tengamos, más destacada será la capacidad de seguir desarrollando procesos.

Con frecuencia, el déficit de información y la ausencia de sinergias entre departamentos tiene que ver con la ausencia de la tecnología adecuada. El déficit de un programa de administración basado en la web, interconectado con el CRM, ayuda a mejorar una gran parte de los ciclos asociados con el almacenaje, el transporte y la venta de artículos.

Uno de los puntos clave para seguir desarrollando los ciclos es saber prestar atención a los trabajadores de forma constante. ¿Qué problemas suelen tener? ¿Cómo creen que deberían mejorarse los resultados? Se trata de una tarea de administración que permitirá tomar mejores decisiones, pero, en igualdad de condiciones, no se trata de decisiones que deban tomarse únicamente por intuición.

Existen informes, que ayuda a obtener una imagen más completa de cada área de la empresa y percibir la cantidad que aportan al cumplimiento de los objetivos de la organización.

Para resumir el ciclo de reconocimiento de problemas, podemos seguir este diagrama:

1. Comprender que existe un problema.
2. Analizar dónde se produce.
3. Percibir desde cuándo se produce y por qué se produce.
4. Analizar cuáles son las razones de este problema.
5. Comprobar qué medidas, en su caso, se han ejecutado para solucionarlo.
6. Analizar el impacto económico en la empresa.

5. La informática de gestión

La informática de gestión tiene numerosas similitudes con los sistemas de información. Estos pueden ser rastreados básicamente en una parte de los lugares de habla inglesa, esencialmente en el nivel académico, en cualquier caso, hay algunos contrastes significativos que hacen de esta carrera como una muy atractiva, que responde decididamente a la informática de gestión en la actualidad.

- La informática de gestión incorpora la innovación de datos. Como puede ser bits significativos de figuración aplicada a un grado más grande comparado a los sistemas de información.
- La principal característica de este tipo de información es el centro de atención más notable en hacer frente a los problemas de negocio. Esto no es lo mismo que los sistemas de información, que están más preocupados por la representación básica de los problemas empresariales.

En cambio, podríamos decir que estos sistemas se centran en dar sentido a las peculiaridades observacionales de la realidad actual. Esto implica que los sistemas de información están llamados a un enfoque más de "explicación-orientación", es decir, la informática de gestión va dirigida a un enfoque más de "solución- orientación".

De una forma fácil de ver, los sistemas de información intentan dar sentido a por qué ocurren las cosas en la realidad. Intentan comprender y dar sentido a las cosas tal y como son y dirigen numerosas evaluaciones exactas de las mismas. Más que eso, los investigadores en informática de gestión intentan fomentar soluciones, siempre y cuando para las cuestiones que han tenido la opción de encontrar, observar y que hayan logrado asumir.

6. Ejemplos de gestión y planificación informatizada

Un proyecto informático, como el desarrollo de software, por ejemplo, es un conjunto de actividades y acciones facilitados que movilizan recursos dentro de un plazo determinado, con un inicio y un final, para satisfacer una necesidad claramente reconocida.

Un proyecto de tecnología puede aludir, por ejemplo, a la mejora de una nueva programación o a la ejecución de un acuerdo sistema de información, por ejemplo, una mejora técnica para cambiar los procesos de una organización.
Puede incluir la instalación de otro paquete de programación ERP (Enterprise resource planning) o CRM (customer relationship management).

En todos los casos, el proyecto informático es complicado y su administración debe tener en cuenta sus especificidades. Así pues, la forma de abordarlo no es ejemplar e incluye meticulosidad junto con adaptabilidad e imaginación. Pasemos revista a las principales fases de un proyecto informático.

Para abordar un proyecto informático, el director de la empresa necesita información subjetiva y cuantitativa para cumplir los supuestos a diferentes niveles:

- **Costes**: la empresa debe tener en cuenta el plan de gastos caracterizado al principio del proyecto. El control de costes se consigue previendo los riesgos de desviación y aplicando medidas correctoras para no sobrepasar el plan financiero asignado.

- **Plazos**: la empresa debe llevarse a cabo en los plazos comunicados al cliente, tras los logros intermediarios. Respetar los plazos implica distinguir posibles desviaciones del calendario inicial y aplicar medidas correctoras.

- **Calidad**: La ejecución de la tarea también incluye fases de aprobación con los distintos grupos incluidos.

La confirmación de la calidad se logra examinando realmente la coherencia con los requisitos previos de:
- o   Análisis → conformidad con los detalles de la aplicación.
- o   Diseño → conformidad con los requisitos previos del cliente.
- o   Producto final → conformidad con los detalles previos.

Resumen

En esta unidad hemos comenzado profundizando en cuáles son las necesidades de la gestión, explicando en qué consiste y cuáles son los beneficios más significativos, además se ha visto cómo implantar un software para hacer más sencilla tal gestión en el almacén y cómo se debe formar al personal para ello.

Además, se han visto las principales obligaciones contables, como son la de presentar el libro diario, en el cual podemos ver la gestión contable del almacén día a día.

Posteriormente, se ha explicado la presentación del libro de inventario y cuentas anuales, donde se ha visto de forma detallada todos los pasos que se han dado a nivel contable en la empresa.

Además, se ha explicado cómo se realiza una planificación y cuáles son las fases más importantes de tal planificación, además de ver las ventajas que nos proporciona en todos los sentidos a la hora de gestionar el almacén.

Para finalizar, se ha visto en qué consiste la informática de gestión y cuáles son los ejemplos de gestión y planificación informatizada.

Glosario

Incidencia

La incidencia muestra la probabilidad de que un individuo de una población específica se vea afectado por ese problema.

Previsión

La actividad de hacer planes para satisfacer posibilidades o requisitos previsibles.

Programación

La especialidad del ciclo por el que se codifica, sigue y salvaguarda el código fuente de los programas informáticos.

Sistema

Un sistema es un conjunto de componentes interrelacionados para lograr un objetivo similar.

Viabilidad

Indica la probabilidad de que pueda completarse de forma eficaz. Posteriormente, ofrece datos sobre si tiende a completarse. De este modo, suponiendo que sea factible, implica que tiene una posibilidad decente de tener éxito.

Ejercicios de autoevaluación

1. ¿Qué permite realizar la gestión laboral informatizada?

    a. Control deudas.

    b. Robotizar y realizar telemáticamente cualquier gestión.

    c. Gestiones informáticas.

2. ¿Cuál es el primer paso de la implantación del software de gestión laboral?

    a. Un modelo de gestión.

    b. Darse de alta de autónomos.

    c. Inscribir a la organización en el sistema RED.

3. ¿Cómo se forma al personal de gestión laboral?

    a. Los ingresos de una persona.

    b. Sabiendo utilizar los dispositivos informáticos.

    c. Teniendo estudios universitarios.

4. ¿Qué ventajas tiene la gestión laboral?

    a. Es adoptada por numerosas organizaciones de reventa.

    b. Producir a precios más elevados.

    c. Costes de mano de obra más bajos.

5. ¿Cómo se debe llevar una obligación contable organizada?

    a. Habilidades normales.

    b. Llevando el libro diario y el libro de inventario y cuentas anuales.

    c. Llevando bien los ingresos que se tienen.

6. ¿Cuál es la responsabilidad del contable o empleado experto de una organización?

    a. Ofrecer una perspectiva válida y justa de la circunstancia empresarial.

    b. Realizar ajustes contables.

    c. Elaborar el Plan General Contable.

7. ¿Qué registra el libro diario?

    a. Stock directo.

    b. Registra paso a paso cada una de las tareas relacionadas con la actividad de la organización.

    c. Registra el número de actividades que se hacen.

8. ¿Que registra el libro de inventario y cuentas anuales?

    a. Stock perfecto.

    b. Es un archivo contable donde se encuentra los balances e inventario de cierre.

    c. Las cuentas mensuales de la empresa.

9. ¿Qué es la contabilidad?

    a. Es adoptada por numerosas organizaciones de reventa.

    b. Acción de obtener datos sobre las actividades monetarias de la organización.

    c. Obtener los mayores datos sobre ingresos de una empresa.

10.¿Cuál es la primera fase de la gestión contable?

    a. Registro de la actividad económica.

    b. Se ven las pérdidas de dinero.

    c. Dar de alta todas las actividades.

U. A. 7. Ficheros maestros

Introducción

Un fichero maestro contiene información que refleja el estado actual de los datos. Estos ficheros se actualizan periódicamente para adaptarlos a cada nueva situación. Un fichero es un conjunto de información relacionada, grabada en el sistema de almacenamiento secundario y a la que se hace referencia mediante un nombre. Ejemplo de información relacionada son el conjunto de instrucciones y datos de un programa o los caracteres de un documento.

Un fichero es el registro en el cual se van a recoger y almacenar los datos de carácter personal que integran la información de una persona. Es la colección ordenada de datos de carácter personal susceptibles de acceso, localización y tratamiento en términos más o menos sencillos según las circunstancias de cada caso.

Objetivos

- Identificar los tipos de ficheros internos y externos que existen.
- Conocer el funcionamiento de los tipos de ficheros.

1. Internos

Los ficheros maestros internos son diseñados para mantener registros precisos y actualizados de entidades específicas. Por lo general, se utilizan para almacenar información sobre clientes, proveedores, productos, empleados u otras entidades importantes para el funcionamiento de un sistema o una organización.

1.1. Artículos

Cada elemento de su archivo maestro contiene los siguientes datos:

-   Nombre del artículo.
-   Tipo de artículo.
-   Precio de coste.
-   Ubicación.
-   Cantidad.

El archivo maestro de artículos contiene todos los datos que necesita para hacer funcionar su empresa. Cada empresa es única, por lo que cada organización puede tener otros datos clave que necesita para su negocio. Asimismo, mantiene organizados todos los archivos para que, cuando los clientes llamen para hacer pedidos, puedan decirles con precisión el número de cada artículo que tienen cerca para transportar rápidamente.

Es necesario saber el nombre del artículo y el tipo de producto, si se trata de un producto en stock o de un artículo pendiente de pedir. También debe saber cuánto cuesta el artículo de almacén o a cuánto se vende. Además, la organización debe conocer la ubicación del artículo y cuánto queda. La organización tiene una tabla que contiene estos datos. Cada cosa tiene su propia línea en la tabla.

1.2. Clientes

Este documento del cliente, similar al registro del proveedor, está dividido en dos segmentos:

- El segmento superior con una cabecera.
- El segmento inferior coordinado por pestañas.

En la cabecera, se expondrán las cualidades adjuntas, la asignación con la que trabajará el cliente, el nombre y la razón social.

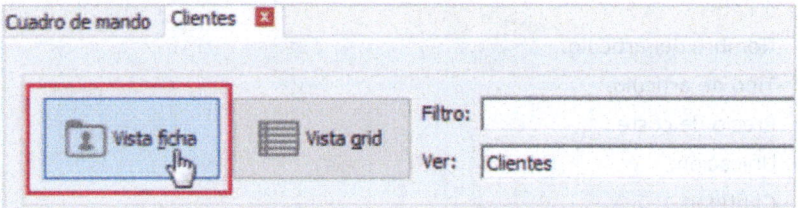

Fig. 1. En el fichero clientes es importante conocer todas las pestañas

1.3. Formas de pago

La pestaña financiera, similar a la pestaña de información, contiene campos significativos como los siguientes.

El tipo de plazo es un campo desplegable, aquí podemos elegir el tipo de plazo del proveedor eligiendo el cuadro que aparece debajo.

Hay un límite en el conjunto de datos para que naturalmente el tipo de cuota no sea en efectivo, así como otros para diseñar el tipo de cuota.

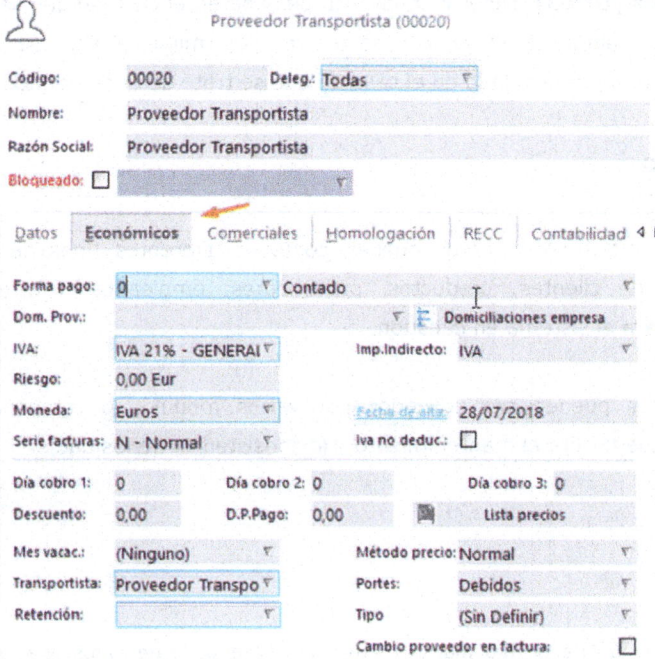

Fig. 2. Fichero pagos importante aplicar IVA, tipo de moneda, proveedor

1.4. Formas de cobro

Las **formas de cobro** es un formulario para introducir los correspondientes cobradores a través de los cuales obtenemos los pagos de nuestros clientes.

Consta de las partes siguientes:

* **Solapa [Datos Identificativos]**. Permite introducir la información de datos identificativos del proveedor. Ver solapa Datos Identificativos en "Clientes. Mantenimiento".

- **Solapa [Otros]**. Determine en esta pestaña en el caso de que se trate de una entidad bancaria, en cuyo caso deberá determinar el CCC de su cuenta de crédito, o por otro lado en el caso de que se trate de una entidad.

2. Externo

Los ficheros maestros externos pueden contener diferentes tipos de datos, como información de clientes, productos, proveedores, empleados u otros elementos relevantes para el sistema en cuestión.

Estos archivos pueden ser utilizados por varios módulos o componentes de un sistema, lo que facilita el mantenimiento y la consistencia de los datos.

Un ejemplo común de fichero maestro externo es una base de datos relacional, donde se almacenan tablas con información detallada sobre entidades y sus atributos. Estos archivos se utilizan para consultar, modificar o actualizar los datos según sea necesario, sin tener que incorporar toda la información en el programa principal.

2.1. Bancos

Esta opción permite incorporar y manejar en la programación contable los documentos de movimientos bancarios entregados por los bancos con los cobros y pagos mantenidos en el balance financiero en un periodo determinado para cuadrar esta información con los cobros/pagos registrados en la contabilidad y acelerar la forma más común de contabilizar esta información.

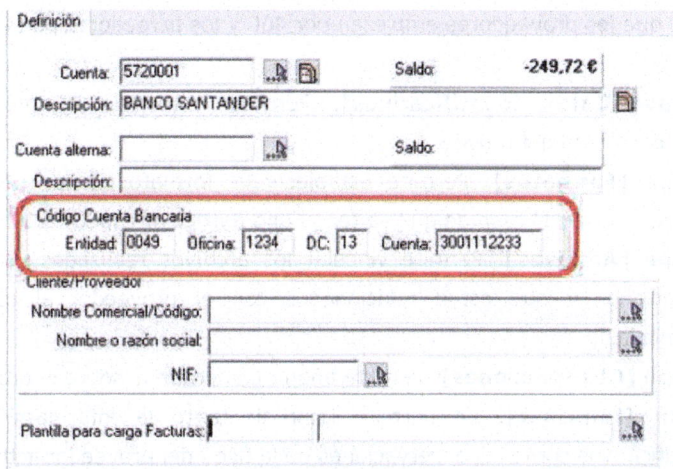

Fig. 3. En el fichero de cobros es importante poner el código de cuenta bancaria de forma correcta

Los bancos pueden dar estos movimientos en el formato CSB 43 (adicionalmente llamada "Norma 43" o "Cuaderno 43" de la Asociación Española de la Banca).

Asimismo, el programa puede importar los movimientos bancarios desde documentos de hojas de contabilidad tipo Microsoft Excel o LibreOffice/OpenOffice, que generalmente son facilitados por los bancos.

El compromiso bancario se realiza desde la opción "Diario", "Utilidades", "Conciliación bancaria" del menú principal del programa.

2.2. Proveedores

La estructura a través de la cual registraremos a los proveedores o acreedores de nuestra empresa es la siguiente.

Hay que tener en cuenta que el código del proveedor o acreedor será equivalente al que tendrá para la contabilidad.

Recordemos que los proveedores empiezan por 400 y los acreedores por 410.

- **Solapa [Datos identificativos]**. Permite introducir la información de reconocimiento del proveedor.
- **Solapa [Formatos]**. Permite establecer el formato de los pedidos a los proveedores en el caso de que se tenga uno particular específico.
- **Solapa [Archivos]**. Permite vincular los archivos realizados con diferentes aplicaciones y que están relacionados con el proveedor al que se hace referencia.
- **Solapa [Observaciones]**. Permite añadir comentarios sobre el proveedor.
- **Botón [Imprimir]**. Le permite imprimir tanto la información de datos identificativos como las observaciones de la ficha del proveedor activo.

Resumen

En esta unidad hemos visto qué son los ficheros maestros internos y externos. Hemos explicado los datos que contiene cada tipo de fichero maestro y de qué está compuesto.

Los ficheros maestros internos pueden dividirse en fichero maestro de artículos donde podremos ver en qué consiste tal fichero y cómo se introduce en un programa de gestión.

Para finalizar, hemos explicado que el fichero maestro externo se puede dividir en el fichero de bancos, en el cual podremos ver cómo funciona y cómo se introduce el IBAN de un banco, además hemos visto el fichero de proveedores donde podremos ver cómo se introducen el tipo de clientes.

Glosario

Informática

La ingeniería de software es la parte del diseño que se concentra en el equipo, las organizaciones de la información y la programación que se espera para manejar datos de forma natural.

Obligación

Al final del día, el compromiso es un vínculo legítimo que nos obliga en la necesidad de pagar por algo según las leyes de nuestra ciudad.

Planificación

El curso de los datos los ejecutivos es un ciclo eficiente donde una necesidad primero se establece, y después la manera más eficaz de tratar esa necesidad se crea dentro de un sistema esencial que distinga necesidades y decida estándares utilitarios.

Ratio

Proporción o entre dos cantidades o tamaños.

Representación gráfica

Un diagrama es una representación gráfica de la información. Imaginar la información mediante diagramas ayuda a identificar diseños, patrones, conexiones y diseños en la información. Utilizar diagramas relacionados con guías para investigar información o ayudar a relatar una historia.

Ejercicios de autoevaluación

1. ¿Qué contiene un fichero maestro?

   a. Control deudas.

   b. Nombre, tipo, precio, ubicación, cantidad.

   c. Datos sobre personal.

2. ¿Qué es un fichero maestro?

   a. Un modelo de gestión.

   b. Contiene información que refleja el estado actual de los datos.

   c. Un modelo de contabilidad.

3. ¿Cuál es un ejemplo de fichero maestro?

   a. Fichero pérdidas de una persona.

   b. Fichero artículos.

   c. Fichero ingresos en cuenta.

4. ¿Qué es necesario saber en un fichero maestro?

   a. Nombre del articulo y tipo de producto.

   b. Es adoptada por numerosas organizaciones de reventa.

   c. Los datos del contable.

5. ¿Qué datos debe conocer la organización sobre un fichero maestro?

   a. Habilidades normales.

   b. Ubicación y cuánta disponibilidad queda.

   c. Los productos que quedan para vender.

6. ¿Qué contiene el fichero formas de pago?

a. Tipo de plazo.

b. Representa las deudas de una persona.

c. Los bancos que existen.

7. ¿Qué se expone en la cabecera del fichero clientes?

a. Nombre y razón social.

b. Cualidades adjuntas, asignación con la que trabajara el cliente, nombre y razón social.

c. Razón social.

8. ¿Qué contiene el fichero maestro bancos?

a. Stock perfecto.

b. Maneja la programación contable.

c. Las ventas de la empresa.

9. ¿Qué se introduce en el fichero formas de cobro?

a. Es adoptada por numerosas organizaciones de artículos de venta al público.

b. A los vendedores.

c. Los correspondientes cobradores.

10.¿Qué se introduce en el fichero maestro bancos?

a. Se ven las pérdidas de dinero.

b. Cobros y pagos.

c. Datos sobre nóminas del personal.

U. A. 8. Previsión y planificación

Introducción

La previsión es predecir el desempeño futuro de la organización en función del desempeño y los datos pasados y presentes, mientras que la planificación es el proceso de pensar en el curso de acción futuro con anticipación. La previsión proporciona una base para la planificación y juega un papel vital en el proceso de planificación.

La previsión es un procedimiento que utiliza datos históricos como entradas para realizar estimaciones informadas que son predictivas para determinar la dirección de tendencias futuras. Las empresas utilizan la previsión para determinar cómo distribuir sus presupuestos o planificar los gastos anticipados para un periodo próximo.

La planificación es la función básica de gestión, que incluye decidir de antemano que se va a hacer, cuando se va a hacer, como se va a hacer y quien lo va a hacer. Es un proceso mental que establece los objetivos de una organización y desarrolla varios cursos de acción, mediante los cuales la organización puede lograr esos objetivos.

Objetivos

- Establecer objetivos cuantitativos y cualitativos en la elaboración de un plan financiero.
- Utilizar ratios financieros para analizar fortalezas y debilidades de la empresa.
- Realizar el análisis de costes mediante la clasificación, localización e imputación de los costes a los productos.
- Realizar estudios de viabilidad para evaluar el éxito o fracaso de un plan de trabajo.

1. Estadísticas de compras, ventas y almacén

Se caracteriza por ser la forma de gestionar con decisión la adquisición, el desarrollo y la capacidad de los materiales, las piezas y los productos terminados de los proveedores de toda la empresa, de modo que los beneficios actuales y futuros se amplifiquen mediante el conocimiento financiero.

Hay que reconocer la importancia de la compra por las siguientes razones:

- Mejora el suministro de mano de obra y productos a los clientes internos y externos de la organización.
- Minimiza los gastos.
- Asegura de las compras.
- Con la compra por internet se obtienen beneficios como la reducción del tiempo de pedido y la reducción de los costes de pedido.
- La obtención, evaluación y permanencia de mejores proveedores.

Las **estadísticas de ventas** son la consecuencia de examinar las negociaciones e intercambios de los artículos de su organización, exponiendo su mirada a diversos factores y consideraciones para encontrar las soluciones y una visión adecuadas.

Además, las estadísticas de ventas de una organización fortalecen la empresa en general, mejorando la coordinación entre las oficinas, que comparten información y objetivos para avanzar juntas. En este sentido, esta visión científica nos permite vencer los obstáculos y alcanzar los objetivos.

Fig. 1. Llevar de manera informatizada una estrategia de ventas es importante para la obtención de beneficios

Las estadísticas de ventas deben introducirse de forma organizada. Para ello, lo ideal es reunir la información en un reporte, que ayuda a mejorar la visualización. Con representaciones gráficas, una vista de los indicadores y canales más relevantes es posible lograr mejoras en el rendimiento empresarial.

¿Cómo hacer una estadística de ventas?

- **Establecer objetivos**. El paso inicial es enmarcar objetivos claros para las actividades. Empiece por caracterizar el motivo mismo de sus análisis periódicos, para que estos exámenes sean más competentes.

  A partir de esta etapa, en realidad querrá centrarse en los datos más pertinentes y dejar de lado otros, lo que ayuda a refinar las percepciones de los tratos y la viabilidad de las investigaciones.

- **Definir las variables**. Los informes de estadísticas de ventas son documentos personalizables, por lo que contrastan comenzando por un entorno y pasando después al siguiente, y comenzando por una organización y pasando después a la siguiente. En este sentido, es importante contemplar los elementos que necesita analizar específicamente: ventas por región, por tienda, resultado, entre otros.

En esta fase, piense también en las métricas. Debe elegir qué indicadores son los más aplicables para su negocio.

- **Establecer la frecuencia**. Como hemos señalado anteriormente, la investigación de las medidas de las ventas es temporal. De este modo, recuerde caracterizar bien la frecuencia de monitoreo. Piensa bien y define según indiquen los factores y la forma de comportarse de su cliente.

- **Convertir a gráficos**. Otro consejo es que no se limite a la información simple: convierta los datos de sus operaciones en gráficos y otras estructuras sencillas de ver.

Con los gráficos, sus representantes realmente querrán distinguir ejemplos, patrones y semejanzas con diferentes resultados, de diferentes épocas. Es un método sencillo de entender y, además, de examinar en una reunión.

2. Presupuestos de planificación

Vocabulario

La **planificación presupuestaria** es el conjunto de decisiones y normas que se observan a la hora de elaborar un plan financiero para que lo lleve a cabo una empresa privada.

Algunos puntos de vista a tener en cuenta en la elaboración de un plan financiero se exponen a continuación

- Se pueden establecer objetivos cuantitativos y cualitativos.
- La planificación puede ser por áreas, por ejemplo, cada departamento de la organización recibe una parte del plan de presupuesto.
- Por otra parte, la asignación del plan financiero puede ser por actividad o proyecto, independientemente de las áreas de que se trate.

- El presupuesto puede establecerse en términos muy estrictos, sin posibilidad de variación. No obstante, también podemos encontrarnos con un plan financiero variable que cambia en función del volumen de la actividad.
- De lejos, los objetivos planteados deben ser cuantificables en lo que se refiere a los indicadores. Esto permitirá una comprobación más exacta del cumplimiento de los objetivos fijados.
- Se fijan objetivos a corto y largo plazo.
- Es fundamental tener la opción de calibrar con precisión los ingresos y gastos. De lo contrario, el resultado final podría ser totalmente diferente en función de lo acordado.
- Se pueden utilizar varias situaciones, por ejemplo, conservador, moderada y optimista, para manejar varios resultados potenciales.

Fig. 2. La planificación presupuestaria es una serie de procesos que se llevan a cabo en la preparación de un presupuesto para un periodo posterior

3. Ratios económicos y comerciales

Vocabulario

Los **ratios financieros o contables** son coeficientes que dan unidades financieras de medida y comparación. A través de ellas, se establece la conexión entre dos datos financieros y es concebible desglosar el estado de una empresa en función de sus niveles óptimos.

Los ratios pueden dividirse en económicos y financieros, que pueden utilizarse para analizar las fortalezas y debilidades de las organizaciones y percibir cómo avanzan a largo plazo.

Fig. 3. Existen diversos tipos de ratios financieros que cada empresa adopta de acuerdo con su sector o necesidades concretas

Los **principales ratios** para analizar las cuentas anuales de una empresa:

- **Ratio de liquidez.** Es como el fondo de maniobra, ya que estima la capacidad de la empresa para hacer frente a sus compromisos a corto plazo.

> **FM** = Activo corriente / Pasivo corriente

Su resultado debería ser mayor que uno, ya que hay una parte del activo corriente que, debido a su importancia en el proceso productivo, debería apoyarse con capital permanente. No obstante, su examen por sí solo puede ser erróneo, ya que puede haber empresas solventes con un ratio menor que uno.

- **Ratio de tesorería o coeficiente de liquidez inmediata (RT)**. Este indicador mide la capacidad de hacer frente a las obligaciones de pago a plazos a corto plazo, y su valor ideal se sitúa entre 0,1 y 0,3.

  Por encima de 0,3, la liquidez de la empresa es mayor de lo que sería deseable. Por encima de 0,3, la organización podría tener liquidez en abundancia, lo que podría influir en su beneficio.

> **RT** = Activo disponible + Realizable / Pasivo corriente

- **Ratio de autonomía financiera (RAF)**. Esta proporción relaciona los recursos propios netos con las deudas totales y proporciona datos sobre la composición estructural de las fuentes de financiación. La proporción estima la independencia o libertad monetaria e intenta decidir el grado ideal de endeudamiento de una organización.

> **RAF** = Recursos propios netos / Recursos ajenos

- **Periodo medio de cobro.** Estima el número de días que se tarda en cobrar a los clientes. Según la perspectiva del ciclo de trabajo, nos dará datos sobre la cantidad de días que transcurren desde que vendemos un artículo hasta que lo cobramos. También puede descifrarse como la cantidad de días que estamos atendiendo a nuestros clientes.

> **Periodo medio de cobro** = (Saldo medio de clientes/ventas) x 365 días

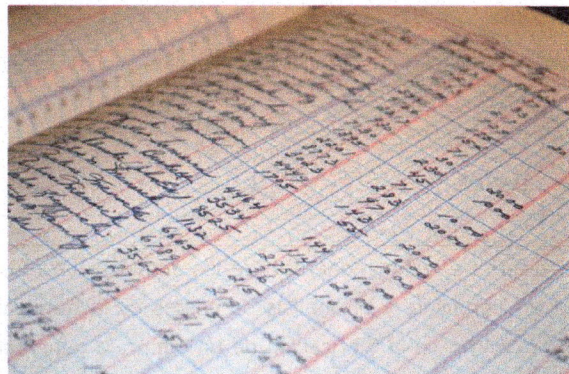

Fig. 4. Siempre debemos de llevar el registro libros contables y tener una buena planificación de todo ello

Cuanto mayor sea el valor de este ratio, la empresa tiene un mayor volumen de recursos indisponibles.

- **Periodo medio de pago.** Mide la cantidad de días que se tarda en pagar a los proveedores, y es de este modo la proporción entre el equilibrio normal de las cuentas a pagar y las compras diarias.

> **Periodo medio de pago** = (Saldo medio de proveedores / Compras) x 365 días

Cuanto mayor sea el valor de este ratio, más se aplazará el pago a los proveedores, lo que indica que la organización se está financiando con ellos.

- **Rentabilidad económica.** Mide la capacidad del recurso para crear beneficio, sea cual sea la composición de la estructura financiera de la empresa. Se puede caracterizar igualmente como la rentabilidad del activo.

> **RAI** = Resultado antes de intereses e impuestos / Activo total

- **Rentabilidad financiera.** Mide la capacidad de la organización para compensar a sus accionistas. Aborda el coste de oportunidad de los fondos con los que se queda, contrastado con el gasto de efectivo o inversiones alternativas. Relaciona el beneficio financiero con los activos importantes para obtener dicho beneficio.

> **ROE** = Beneficio neto después de impuestos / Fondos propios

4. Análisis de costes

El coste se percibe como el valor monetario de los activos utilizados para suministrar mercancías o prestar servicios, y el análisis de costes es la herramienta que estudia todos los importes que implica la fabricación de un bien o la generación de un servicio por parte de una empresa.

Objetivo

El objetivo del análisis de costes es comprender cuál es la estructura de costes de la organización y saber cómo calcular la recuperación de la inversión original, para que los directivos de la organización puedan decidir qué medidas tomar para aumentar su eficacia o reducir el valor financiero que se gasta en fabricar una unidad de producto.

El estudio y el análisis de los gastos pondrán de manifiesto el nivel de eficacia monetaria de la organización: como unidad financiera. Gracias al análisis de los gastos, es posible conocer en qué medida la organización satisface esta capacidad, contrastando en términos financieros el valor de lo que se crea con el valor de los elementos utilizados para entregarlo.

Hacer un examen de costes de una organización ayuda a garantizar una adecuada gestión empresarial, ya que simplifica la decisión del coste al que deben ofrecerse los artículos para que la organización sea productiva.

El examen de costes consta de tres etapas:

- Clasificación de los costes.
- Localización de los costes para los centros de trabajo donde se crean.
- Imputación de los costes a los productos. Puede realizarse utilizando diferentes técnicas, como el full-cost o el direct-cost.

5. Viabilidad financiera

Vocabulario

Los **estudios de viabilidad**, también llamados análisis o informes de viabilidad, se utilizan para evaluar si un plan de trabajo puede tener éxito o fracasar. Los estudios de viabilidad analizan el sentido común de un plan de trabajo para decidir si es factible seguir adelante con la empresa.

Fig. 5. Los estudios de viabilidad son importantes para los proyectos que abordan cuestiones críticas para la empresa

Para ello, hay que responder a dos preguntas:

- ¿Dispone nuestro grupo de los instrumentos o activos necesarios para llevar a cabo el proyecto?
- ¿Serán suficientes el retorno de la inversión para que merezca la pena afrontarlo?

Los estudios de viabilidad son importantes para los proyectos que abordan cuestiones críticas para la empresa. También pueden ser fundamentales para proyectos que pueden afectar significativamente a la presencia en el mercado.

Suponiendo que usted sea el gerente de la empresa, es posible que no sea directamente responsable de dirigir el estudio de viabilidad, pero debe entender qué son los estudios de viabilidad. Al comprender los diversos componentes que intervienen en un estudio de viabilidad, podrá apoyar más fácilmente al grupo, dirigir el estudio de viabilidad y garantizar que la empresa sea un éxito.

Importante

El estudio de viabilidad debe realizarse después de que se haya montado la empresa, pero antes de que empiece a trabajar. El estudio es esencial para el proceso de organización de la empresa. A decir verdad, a menudo se realiza junto con el examen FODA o la evaluación de riesgos de la empresa, dependiendo del caso concreto.

Los estudios de viabilidad son valiosos para lo siguiente:

- Confirmar las oportunidades del mercado antes de comprometerte con un proyecto.
- Reducir la cantidad de alternativas comerciales.
- Documentarse sobre las ventajas y desventajas del proyecto propuesto.
- Aportar más datos para decantarse por una opción sobre si seguir adelante con el proyecto o no.

Probablemente no necesites un estudio de viabilidad en el caso de que se cumpla alguna de las circunstancias:

- Está seguro de que el proyecto es viable.
- Ya se ha enfrentado a un proyecto similar.
- Su rival está obteniendo resultados en el mercado con una iniciativa similar.
- El proyecto no es grande, es sencillo y afecta poco a la empresa a largo plazo.
- Se ha realizado un estudio de viabilidad similar en su empresa en los últimos tres años.

Resumen

En esta unidad hemos visto cómo se realiza la previsión y la planificación, viendo cómo se realizan las estadísticas de compraventa y almacén y la importancia que tiene llevar una estrategia planificada y de forma detallada.

Para la gestión del almacén, hemos visto cómo se realizan los presupuestos de planificación y qué puntos son importantes a tener en cuenta, además de cómo se realizan los ratios económicos y comerciales y cuáles son las fórmulas para calcularlos.

Para finalizar, hemos visto cómo se realiza el análisis de costes y de que métodos se compone, además de la viabilidad financiera, en la que conocemos las estrategias que debemos llevar a cabo para que no tengamos problemas en la gestión de nuestro almacén.

Glosario

Artículo

Un artículo es un texto que permite comunicar un punto de vista individual, ya sea como evaluación o como consecuencia de una interacción dentro de un campo académico. Puede muy bien ser de otro tipo (promoción, publicación, lógico, entre otros).

Cobro

Obtener dinero a plazos de una obligación.

Fichero

Un documento es un conjunto ordenado de información que tiene una relación entre sí y se guarda para siempre en un dispositivo de memoria no inestable.

Pago

La instalación es cualquier movimiento que hacemos para saciar o abandonar un compromiso. Depende de la transmisión de un recurso decente, administrativo o monetario a cambio de otro recurso grande, administrativo o monetario.

Proveedor

Un proveedor es una persona o empresa que vende artículos u ofrece tipos de asistencia a cambio de un beneficio. Puede trabajar en un clima de empresa a comprador (B2C) o de empresa a empresa (B2B). En el clima B2B, los proveedores se denominan en muchos casos mayoristas.

Ejercicios de autoevaluación

1. ¿Qué es la previsión?

    a. Es un procedimiento que utiliza datos históricos.

    b. Control deudas.

    c. Utiliza los datos del personal de la empresa.

2. ¿Qué predice la previsión?

    a. Un modelo de gestión.

    b. El desempeño futuro de la organización.

    c. Un modelo de ventas.

3. ¿Qué es la planificación?

    a. Los ingresos de una persona.

    b. Es una función básica de gestión.

    c. Una función de compras.

4. ¿Por qué es tan importante la compra?

    a. Porque mejora el suministro de mano de obra y productos.

    b. Es adoptada por numerosas organizaciones de reventa.

    c. Mejora el nivel de ventas de la empresa.

5. ¿Qué indican las estadísticas de ventas?

    a. Habilidades normales.

    b. Examina los intercambios de artículos de la organización.

    c. Habilidades del personal.

6. ¿Cómo se hace una estadística de ventas?

a. Estableciendo los datos estadísticos de una persona.

b. Estableciendo objetivos, variables, frecuencia y gráficos.

c. Estableciendo la productividad de una persona.

7. ¿Qué depende del pago?

a. La transmisión de un recurso decente.

b. La administración de recursos.

c. El abandono de compromisos.

8. ¿Qué puntos de vista debemos tener en cuenta en la elaboración de un plan financiero?

a. Stock perfecto.

b. Se pueden establecer objetivos cuantitativos y cualitativos.

c. Se pueden establecer objetivos cuantitativos.

9. ¿Qué son los ratios financieros?

a. Es adoptada por numerosas organizaciones de reventa.

b. Son coeficientes de medida.

c. Son coeficientes que dan unidades financieras de medida y comparación.

10.¿Qué indica el ratio de liquidez?

a. Se ven las pérdidas de dinero.

b. Indica la capacidad de la empresa para hacer frente a sus compromisos a corto plazo.

c. Indica la capacidad para hacer frente a largo plazo.

Aplicaciones prácticas

Aplicación práctica 1. Tipos de stock

U. A. 1. Gestión de stocks

Eres el gerente de una empresa logística y hoy se incorpora en plantilla un chico y una chica de prácticas.

Debes explicarles todos los tipos de stocks que tenemos en un almacén y todos los aspectos importantes para gestionarlos.

Puedes realizar un cuadro resumen en el que clasifiques todos los tipos de stocks con los que se pueden encontrar y una breve explicación en la que expliques cómo gestionarlos.

Después, especifica cómo podrían calcular el tipo de stock para cada producto que se tiene en el almacén.

Aplicación práctica 2. Gestión del almacén

U. A. 2. Costes

Has entrado nuevo en un almacén de una tienda de muebles. En el departamento de administración, han tenido problemas con las cuentas. Las hacía a mano una persona que ahora va a jubilarse.

Debes proponer a la empresa que implante un programa informático para la gestión del almacén.

Explica por qué es importante en un almacén llevar un registro contable de las compras de material que se hacen y cómo influye la utilización de programas informáticos en la gestión del almacén.

Puedes reunir toda la información en un PowerPoint o mapa conceptual para presentarlo al gerente de la empresa.

Aplicación práctica 3. Inventario

U. A. 3. Inventarios

Cada 31 de diciembre en la empresa, se realiza un recuento del almacén de todos los productos que se tienen almacenados en él.

Como trabajador de la esta empresa, responde a las siguientes preguntas:

- ¿Cómo llevarías a cabo dicho inventario en la empresa?
- ¿Qué diferencia podemos encontrar entre un inventario físico y un inventario contable?
- ¿Qué pasos o etapas son importantes a la hora de realizar un inventario?
- ¿Por qué es importante llevar el registro documentado de todo el inventario del almacén?

Aplicación práctica 4. Cadena de suministro

U. A. 4. Factores de aprovisionamiento

Como técnico de compras de la empresa, el gerente te convoca a una reunión de urgencia, para debatir distintos puntos en los cuales, la empresa no está obteniendo una producción tal y como se esperaba.

Por ello, debes dar respuesta a las siguientes cuestiones que te planeta:

- ¿Cómo podemos enfocar la cadena de suministro de nuestro almacén para no tener problemas de ruptura de stocks?
- ¿Cómo podemos ahorrar tiempo en la gestión de los factores de aprovisionamiento?
- ¿Puede ser que automatizando los procesos y digitalizando las órdenes se consigan mejores resultados en los factores de aprovisionamiento?

Aplicación práctica 5. Plazos de entrega

U. A. 5. Sistemas de gestión de stocks

Desde el departamento de contabilidad de la empresa, se manda un email informativo a todos los técnicos de compras, en el cual existen quejas por los plazos de entrega que se piden al cliente.

- ¿Cómo piensas que se pueden controlar los plazos de pedido con los proveedores?
- ¿Qué métodos pueden ser más eficaces para reducir los plazos de entrega con los proveedores?
- ¿Qué métodos nos pueden ayudar a gestionar el tamaño óptimo de stock? ¿El uso de aplicaciones informáticas nos puede ser beneficioso?

Aplicación práctica 6. Informatización de procesos

U. A. 6. Gestión informatizada

En una reunión reciente con los directivos de la empresa, se propuso como mejora informatizar los procesos de producción y los procesos de compras.

- ¿Piensas que la implantación de un software de gestión puede ser beneficioso para el correcto funcionamiento de nuestra organización?
- ¿Qué beneficios puede tener tal implantación en nuestra organización?
- Por otro lado, el registro informático de las obligaciones contables en nuestra organización, ¿qué ventajas puede tener para nuestra empresa? ¿Puede ahorrar gastos innecesarios?

Elabora un pequeño informe dónde des respuesta a todas estas cuestiones.

Aplicación práctica 7. Programas de gestión

U. A. 7. Ficheros maestros

Desde hace varios años, en las empresas logísticas, se han implantado modernos programas de gestión de stocks, gestión de la producción, y gestión de las compras.

Si fueras el técnico informático de la empresa:

- ¿Qué tipos de programas utilizarías?
- ¿Qué beneficios tiene utilizar un programa de gestión de los ficheros maestros?
- ¿Qué datos es necesario incluir en la gestión de los ficheros?
- ¿Por qué es importante seguir un orden y anotación cuando se lleva a cabo la gestión de los ficheros maestros?

Aplicación práctica 8. Estrategias para mejorar las ventas

U. A. 8. Previsión y planificación

En el departamento de compras de la empresa, el gerente ha organizado una reunión en la cual, nos comenta que desde hace varios meses se está comprando a altos precios y que no quedan márgenes sobre las ventas, el gerente nos realiza las siguientes preguntas:

- ¿Qué estrategias se podrían modificar para intentar obtener más beneficios en las ventas?
- ¿Piensas que una planificación informatizada puede dar más beneficios y ahorrar esfuerzos innecesarios?
- ¿A qué nos pueden ayudar las estadísticas de ventas?

Ejercicio de evaluación final

1. ¿Cuál es uno de los objetivos de la gestión de stocks?

    a. Garantizar un nivel bajo de gestión.

    b. Garantizar alto nivel de existencias.

    c. Adecuación del nivel de existencias a la demanda.

2. ¿Qué engloba la administración de las existencias?

    a. Alguna tarea que dirige la progresión de las mercancías.

    b. Todas las tareas destinadas a dirigir la progresión de las mercancías.

    c. Parte de la productividad de los empleados.

3. ¿Qué retos influyen en la gestión de las existencias?

    a. Sobreventa.

    b. Venta normal.

    c. Compras.

4. ¿Cuál de los siguientes es uno de los tipos de stocks que existen?

    a. Stock total.

    b. Stock pasivo.

    c. Stock de alerta.

5. ¿Cómo puede ser el aprovisionamiento de un almacén?

    a. Directa.

    b. De forma directa e indirecta.

    c. Indirecta.

6. ¿Cuál es uno de los tipos de existencias que existen?

a. Materias semielaboradas.

b. Materias primas.

c. Materias puras.

7. ¿Qué significa el método P2P?

a. Peer to peer.

b. Pre to pre.

c. Peer to pre.

8. ¿Qué significa el método S2P?

a. Todas las compras relativas al almacén.

b. Engloba todos los trabajos previos al método P2P.

c. Engloba parte de los trabajos previos.

9. ¿Por qué se realiza la programación de la obtención de materiales?

a. Para realizar compras de materias primas.

b. Para obtener de la forma más común mano de obra y productos.

c. Para obtener mano de obra.

10.¿Por qué es fundamental calcular los niveles de stock?

a. Para ver las pérdidas que tenemos.

b. Para ver los productos que tenemos.

c. Para ver si tenemos un número excesivo o escaso de productos.

11.¿Qué se tiene en cuenta la calcular el stock?

    a. Nada en especial.

    b. Tiempo de transporte.

    c. Tiempo de descanso.

12.¿Cuál es una de las ventajas de conocer las existencias?

    a. Ofrecer un soporte extra a los clientes.

    b. Ayudan a obtener menos beneficios.

    c. Producir menos.

13.¿Qué registra el libro diario?

    a. Stock directo.

    b. Registra paso a paso cada una de las tareas relacionadas con la actividad de la organización.

    c. Registra el número de actividades que se hacen.

14.¿Qué explica la demanda prevista?

    a. La mayor cantidad de productos pedidos.

    b. El número de ventas que se tiene.

    c. Calcula el volumen de negocio de cada artículo en un plazo futuro.

15.¿Qué debemos tener en cuenta antes de presentar la solicitud?

    a. Datos sobre el plazo y técnicas de pago.

    b. Datos bancarios.

    c. Datos sobre las técnicas de pago.

16.¿Qué significa la técnica FIFO?

    a. First Out First In.

    b. First In First Out.

    c. First In Find Out.

17.¿Qué significa la técnica LIFO?

    a. Last Out First In.

    b. Land In First Out.

    c. Last In First Out.

18.¿Qué es la administración del almacén?

    a. Un modelo de gestión.

    b. Un modelo de planificación.

    c. Se caracteriza por recibir y trasladar mercancías.

19.¿Qué es el modelo Wilson?

    a. Técnica numérica para calcular con qué frecuencia y cantidad se debe hacer una demanda a un proveedor.

    b. Técnica matemática para calcular la cantidad de demanda de un proveedor.

    c. Técnica periódica para calcular la frecuencia y cantidad de demanda.

20.¿Qué es la cantidad económica de pedido?

    a. Modelo matemático que calcula la compras sin tener en cuenta las existencias.

    b. Modelo que calcula la cantidad a comprar cuando las existencias descienden.

    c. Modelo teórico que calcula la cantidad a comprar.

Solucionario

U. A. 1. Gestión de stocks

1. b	**6.** b
2. b	**7.** a
3. a	**8.** b
4. b	**9.** c
5. c	**10.** a

U. A. 2. Costes

1. a	**6.** c
2. b	**7.** b
3. b	**8.** a
4. b	**9.** b
5. b	**10.** b

U. A. 3. Inventarios

1. b	**6.** b
2. c	**7.** a
3. b	**8.** b
4. c	**9.** b

U. A. 4. Factores de aprovisionamiento

1. b	**6.** b
2. b	**7.** b
3. c	**8.** c
4. b	**9.** b
5. a	**10.** b

U. A. 5. Sistemas de gestión de stocks

1. a	**6.** b
2. b	**7.** b
3. c	**8.** c
4. b	**9.** b
5. b	**10.** a

U. A. 6. Gestión informatizada

1. b	**6.** a
2. c	**7.** b
3. b	**8.** b
4. c	**9.** b
5. b	**10.** a

U. A. 7. Ficheros maestros

1. b	**6.** a
2. b	**7.** b
3. b	**8.** b
4. a	**9.** c
5. b	**10.** b

U. A. 8. Previsión y planificación

1. a	**6.** b
2. b	**7.** a
3. b	**8.** b
4. a	**9.** c
5. b	**10.** b

Solucionario

Bibliografía

Webgrafía

Almacenamiento mercancías

https://www.ceupe.com/blog/el-almacenamiento-de-mercancias.html

Análisis de costes de empresa

https://www.unir.net/empresa/revista/analisis-de-costes-empresa/

Archivo maestro

https://estudyando.com/archivo-maestro-de-elementos-definicion-y-contenido/

Claves en la gestión de pedidos

https://www.kyoceradocumentsolutions.es/es/smarter-workspaces/insights-hub/articles/claves-en-la-gestion-de-pedidos.html

Como determinar costes en una cadena de suministro

https://www.ceupe.com/blog/como-determinar-los-costes-en-una-cadena-de-suministros.html

Como hacer una gestión de pedidos eficaz

https://www.mygestion.com/blog/como-hacer-una-gestion-de-pedidos-eficaz

Como realizar un inventario

https://www.anfix.com/blog/sabes-como-realizar-un-inventario

Coste de almacenamiento

https://www.ractem.es/blog/coste-almacenamiento-concepto-definicion

Coste de tener stocks

https://www.eoi.es/blogs/mbaftmad/el-coste-de-tener-stocks/

Detectar resolver problemas

https://www.mygestion.com/blog/detectar-resolver-problemas

El plan de compras

https://clickbalance.com/blog/el-plan-de-compras-y-de-produccion/

Estadística de ventas

https://www.zendesk.com.mx/blog/estadisticas-de-ventas/

Estudio viabilidad

https://asana.com/es/resources/feasibility-study

Factores que más intervienen en la gestión de stocks

https://www.plantillaspyme.com/blog-pymes/finanzas-y-contabilidad/factores-que-mas-intervienen-en-la-gestion-de-stocks

Ficheros maestros

https://www.gescit.com/noticia/ficheros-maestros-factucit

Gestión contable

https://www.sdelsol.com/blog/contabilidad/gestion-contable/

Gestión de compras de almacén

https://www.gestiopolis.com/gestion-de-compras-almacen-y-stock-para-restaurantes/

Gestión de proyectos informáticos

https://www.appvizer.es/revista/organizacion-planificacion/gestion-proyectos/gestion-de-proyectos-informaticos-ejemplo

Gestión del almacén

https://www.anfix.com/blog/gestion-del-almacen

Gestión laboral informatizada

https://www.rrhhdigital.com/secciones/tecnologia-e-innovacion/145863/Gestion-laboral-informatizada-un-recurso-imprescindible-para-tu-empresa

Inventario

https://zipinventory.com/es/inventory-tracking/inventory-report.html

Inventario en contabilidad

https://blog.nubox.com/empresas/inventario-en-contabilidad

Logística de aprovisionamiento

https://www.mecalux.es/blog/logistica-de-aprovisionamiento

Métodos valoración inventarios

https://economipedia.com/definiciones/metodos-valoracion-inventarios.html

Obligaciones contables empresa

https://www.gdasesoria.com/blog/posts/obligaciones-contables-empresa

Periodo medio de maduración

https://www.expansion.com/diccionario-economico/periodo-medio-de-maduracion.html

Planificación presupuestaria

https://economipedia.com/definiciones/planificacion-presupuestaria.html

Previsión de la demanda y gestión de stock

https://www.clavei.es/blog/prevision-de-la-demanda-y-gestion-de-stocks/

Punto de pedido

https://www.transeop.com/blog/stock-de-seguridad-punto-de-pedido/563/

Que es la gestión de stock

https://www.mecalux.com.ar/blog/gestion-stock-que-es

Que es rotación de existencias

https://www.mecalux.es/blog/que-es-rotacion-existencias

Que son los procesos

https://blog.workday.com/es-mx/2022/understanding-the-basics-what-is-procurement.html

Ratios económicos

https://jraeconomistas.com/ratios-economicos/

Rotación de inventario

https://economipedia.com/definiciones/dias-rotacion-del-inventario.html

Selección de ficheros

https://a3responde.wolterskluwer.es/documentos/erp/seleccion-de-ficheros-maestros-clientes-proveedores-y-articulos.html

Técnica de gestión de stock

https://www.ealde.es/tecnicas-gestion-stocks-logistica/

Tipos de stocks

https://www.mecalux.es/blog/tipos-stocks

Valoración de existencias

https://economipedia.com/definiciones/valoracion-de-existencias.html

Zona de recepción y expedición

https://www.noegasystems.com/blog/logistica/zona-de-recepcion-y-zona-de-expedicion-del-almacen